IT-Dokumentation – Leitfaden für Erstellung, Prüfung und Beratung

Praxistipps IT

IT-Dokumentation – Leitfaden für Erstellung, Prüfung und Beratung

Diana Nestler / Thomas Fischer

IDW VERLAG GMBH

Das Thema Nachhaltigkeit liegt uns am Herzen:

Die IDW Verlag GmbH ist ein Unternehmen des Instituts der Wirtschaftsprüfer in Deutschland e. V. (IDW).

Satz: Reemers Publishing Services GmbH, Krefeld
Druck und Bindung: C.H.Beck, Nördlingen
KN 11958/0/0

ISBN 978-3-8021-2543-0

Bibliografische Information der Deutschen Bibliothek
Die Deutsche Bibliothek verzeichnet diese Publikation in der Deutschen Nationalbibliografie; detaillierte bibliografische Daten sind im Internet über http://www.d-nb.de abrufbar.

Coverfoto: www.istock.com/anyaberkut

www.idw-verlag.de

Inhaltsverzeichnis

1 Ziel des Leitfadens IT-Dokumentation

Ziel dieses Leitfadens ist es, Wirtschaftsprüfern eine praxisnahe und umfassende Einführung in die Thematik der IT-Dokumentation zu geben.

Nach einer kurzen Darstellung der grundlegenden Herausforderungen im Umfeld der IT-Dokumentation (Kapitel 2) dient die Abgrenzung und Erläuterung der wesentlichen Begriffe (Kapitel 3) dazu, die IT-Dokumentation eines Unternehmens korrekt erfassen und einordnen zu können. Entsprechende Anforderungsquellen der IT-Dokumentation sowie Ausführungen zu einer adressatengerechten Ausgestaltung unterstützen die Argumentation zusätzlich und werden ebenfalls in diesem Kapitel behandelt.

Aufbauend darauf wird der multidimensionale Nutzen der IT-Dokumentation für ein Unternehmen und ihre Bedeutung für den Wirtschaftsprüfer näher erläutert. Dem Wirtschaftsprüfer werden Argumente an die Hand gegeben, warum eine angemessene Ausgestaltung und regelmäßige Aktualisierung der unternehmenseigenen IT-Dokumentation der Mandanten wichtig für eine effiziente und effektive IT ist und sich positiv auf das gesamte Unternehmen auswirkt. Zudem wird die Einhaltung der zentralen Schutzziele (Vertraulichkeit, Integrität und Verfügbarkeit) hinsichtlich der IT-Dokumentation erläutert und der Zusammenhang zum IT-Compliance-Management-System dargestellt.

In Kapitel 4 wird im Rahmen eines Best-Practice-Ansatzes dem Wirtschaftsprüfer eine Hilfestellung gegeben, auf welche formalen und inhaltlichen Aspekte beim Aufbau eines angemessenen Dokumentationsmanagements und Dokumentenmanagements (inkl. zugehörigem Dokumentenlebenszyklus) geachtet werden sollte. Es werden praxisnahe Beispiele und Hinweise zu den jeweiligen Fragestellungen geliefert. Neben speziellen Anforderungen an die Nachweisdokumentation wird eine detaillierte Übersicht über die empfohlenen Mindestinhalte der gängigen IT-Dokumentation gegeben. Eine Betrachtung von Abhängigkeiten innerhalb der IT-Dokumentation sowie die Berücksichtigung des IT-Kontrollsystems runden das Kapitel ab.

In Kapitel 5 werden dem Wirtschaftsprüfer mögliche Beratungsansätze rund um das Thema IT-Dokumentation aufgezeigt.

Zuletzt werden ab Kapitel 6 Exkurse zur Toolunterstützung in der Praxis, zur Nutzung etablierter IT-Dokumentenvorlagen sowie zur Einführung eines Dokumentenmanagementsystems (DMS) gegeben und in Kapitel 9 eine Zusammenfassung inkl. Ausblick dargestellt.

Hinweis:
Dieser Leitfaden gibt eine Einführung in vorhandene externe Vorgaben und Best-Practice-Ansätze zur IT-Dokumentation, wie sie für einen Großteil der Unternehmen Anwendung finden bzw. in der Praxis geläufig sind. Es wird explizit darauf hingewiesen, dass dieser Leitfaden nicht sämtliche Anforderungen aller Unternehmen in den verschiedensten rechtlichen/regulatorischen Umfeldern darstellen kann. Dies gilt insbesondere dort, wo Unternehmen branchenspezifischen nationalen/internationalen externen Vorgaben unterliegen.

2 Mehrere grundlegende Herausforderungen im Umfeld der IT-Dokumentation in der Praxis

In der Praxis ergibt sich häufig eine Diskrepanz zwischen den gesetzlichen und regulatorischen Anforderungen an die IT-Dokumentation und der vorliegenden Umsetzung im Unternehmen. Zudem ist eine unternehmensweite, effektive Umsetzung von IT-Dokumentation oft nicht gegeben. In diesem Spannungsfeld befindet sich der Wirtschaftsprüfer, welcher die unterschiedlichen Anforderungen und Erwartungshaltungen zusammenführen und den Nutzen der IT-Dokumentation dem Unternehmen verdeutlichen kann.

Im Umfeld der IT-Dokumentation gibt es gleich mehrere Herausforderungen, die in den folgenden Kapiteln dargestellt werden.

2.1 Externe Notwendigkeit für das Vorhalten angemessener IT-Dokumentation

Was nicht dokumentiert ist, existiert nicht.[1]

Die Informationstechnologie (IT), als Oberbegriff für die elektronische Datenverarbeitung inkl. zugehöriger Software, Hardware und Diensten, gewinnt in allen Branchen zunehmend an Bedeutung. Diese Erkenntnis ist bestimmt keine neue und wird bereits seit Jahrzehnten propagiert, ist heute jedoch mehr denn je aktuell und wird durch die pandemischen Auswirkungen auf die Arbeitsweise der Unternehmen nochmals deutlich bestätigt. Es gibt kaum noch Unternehmensprozesse, die nicht durch die IT unterstützt oder gesteuert werden. Die IT bildet das Netzwerk innerhalb des Unternehmens und gibt so die Möglichkeit, unterschiedlichste Bereiche und Prozesse miteinander zu verknüpfen und bewertbar zu machen.

Eine zunehmende technische Vernetzung und Digitalisierung nicht nur im Unternehmen selbst, sondern auch an der Schnittstelle zu Kunden,

[1] Dieses im Prüfungs- und Qualitätsmanagement-Umfeld oft gehörte Zitat hat durchaus seine Berechtigung. Die fehlende Dokumentation von Vorgaben und/oder Nachweisen kann ein Unternehmen vor Herausforderungen stellen, prüfende Einheiten von der Ordnungsmäßigkeit ihrer (IT-gestützten) Abläufe zu überzeugen.

anderen Unternehmen und den staatlichen Einrichtungen, kann jedoch auch mit wesentlichen Risiken einhergehen. Bedrohungen durch bspw. Angriffe übers Internet, Schadsoftware und digitale Erpressungsversuche sind gerade in den momentanen pandemischen Zeiten[2] aktueller denn je und hoch risikoreich[3].

Nicht erst seit den aktuellen Entwicklungen, sondern bereits seit einigen Jahren gibt es gesetzliche und regulatorische Vorhaben, die diesen Bedrohungen entgegentreten[4]. So haben zwangsläufig die entstehenden Risiken eine „Entwicklung der (IT-)Compliance dynamisch voran[getrieben]."[5] Zunehmende Anforderungen an einen angemessenen IT-Betrieb zur Prävention und Abwehr von IT-Risiken bestimmen den Alltag der Unternehmen, nicht nur in Deutschland.

Grundlage für die Erfüllung der externen Anforderungen[6] ist die Erstellung von entsprechender ordnungsgemäßer IT-Dokumentation. Sie macht einerseits Vorgaben zur Ausgestaltung angemessener Abläufe (inkl. Kontrollen) in Übereinstimmung mit jeweiligen externen Anforderungen und dient andererseits zum Nachweis der ordnungsgemäßen Durchführung dieser Vorgaben. Dies zeigt auch dem Gesetzgeber und den Regulatoren, dass potenzielle Risiken im Unternehmen identifiziert und adressiert werden. Selbstverständlich zahlen all diese Maßnahmen nicht nur auf die Erfüllung externer Vorgaben ein, sondern generieren auch multidimensionalen Nutzen für die Unternehmen selbst (vgl. Kapitel 3.5).

Aufgrund der Vernetzung der IT in allen Unternehmensbereichen und -prozessen besitzt sie zunehmend Schnittstellen mit unterschiedlichsten (ehemals manuellen) fachlichen Prozessen[7]. Dadurch bestimmen auch immer mehr fachliche Anforderungen die IT im Unternehmen (bspw. DS-GVO, AO, KWG, ISO-Standards). Dies vergrößert zusätzlich den Umfang und die Vernetzung geforderter Dokumentation im Allgemeinen und – aufgrund der IT-Präsenz und ihrer zugehörigen Risiken

[2] Das Bundeskriminalamt (2020) stellte fest: „Die Gesellschaft weicht im Zuge der Corona-Krise vermehrt auf die digitale Welt aus – ein perfekter Nährboden für Cyberkriminelle."
[3] Vgl. Bundeskriminalamt (2020).
[4] Bspw. IT-Sicherheitsgesetz, NIS-Richtlinie, DS-GVO, BSI IT-Grundschutz-Anforderungen.
[5] Nestler/Modi (2019), S. 11.
[6] Vgl. Kapitel 3.3.
[7] Bspw. Personal, Finanzen/Controlling, Produktion.

für die Wertschöpfung des Unternehmens in diesen Prozessen – auch zunehmend die IT-Dokumentation. IT-getriebene Dokumentation bestimmt die Fachdokumentation, zum Teil übernimmt sie diese sogar vollständig[8].

i

Hinweis:
Es gibt Unternehmen, die vollständig auf klassische Fachdokumentation (bspw. rein fachliche Beschreibung von Abläufen) verzichten und die fachlichen Informationen vollständig mit IT-Dokumentation verschmelzen.

International tätige Unternehmen sehen sich zusätzlich mit unterschiedlichsten gesetzlichen und regulatorischen, oftmals auch internen Anforderungen an die IT-Dokumentation konfrontiert. Dadurch steigt auch hier die Forderung nach einem Mehr an IT-Dokumentation, welche die Unternehmen umsetzen müssen, um „compliant" zu sein.

Ein entsprechender Überblick über die vorherrschenden Regularien und Gesetze wird in Kapitel 3.3 gegeben.

2.2 Verbreitete Hemmnisse bei der Erstellung, Qualitätssicherung und Aktualisierung von IT-Dokumentation in Unternehmen

In Unternehmen gibt es vielfältige Argumente, warum eine jeweilige IT-Dokumentation unvollständig, nicht angemessen oder sogar überhaupt nicht vorliegt. Oftmals spielen gleich mehrere Hemmnisse zusammen und verstärken die Problematik. Im Folgenden sind die in der Praxis weitverbreiteten Hemmnisse aufgeführt und kurz erläutert.

Fehlende oder unklare Verantwortlichkeiten für IT-Dokumentation

> *„Wer soll sich denn darum kümmern? Wir haben niemanden, der diese Aufgabe übernehmen kann. Eigent-*

---

[8] Ein Beispiel sind hier die Anforderungen an Verfahrensdokumentationen gemäß GoBD, welche durch die enthaltenen Beschreibungen zu Soft- und Hardware sowie technischen Verarbeitungen aus der steuerlichen Dokumentation eine IT-Dokumentation machen.

lich müsste einer die Verantwortung übernehmen, damit unsere IT-Dokumentation nachgehalten wird."[9]

Oftmals sind die Verantwortlichkeiten für die Erstellung und Aktualisierung der IT-Dokumentation im Unternehmen nicht klar definiert. Häufig liegt die Ursache darin, dass es keine übergeordnete Entscheidung gegeben hat, wer genau diese Aufgabe übernimmt[10]. Es fehlt der „Tone from the Top", welcher entsprechend festzuhalten und zu kommunizieren ist.

i

Hinweis:
Die Erstellung/Aktualisierung der IT-Dokumentation sollte auch in den Aufgaben-/Stellenbeschreibungen enthalten sein und in den Zielen der Mitarbeiter verankert werden.

„Wir kümmern uns um das Notfallmanagement der Gruppe, der QM-Bereich aber macht auch IT-Dokumentation, insbesondere, wenn ein Notfall eintritt. Das ausgelagerte Team beim IT-Dienstleister hat ein eigenes Notfallmanagement inkl. Tool in Betrieb, die haben auch etwas dokumentiert, ich weiß nicht genau, was, aber die müssen das machen."

Besonders in großen Unternehmen, die international agieren, kommt es immer wieder dazu, dass IT-Dokumentation redundant durch verschiedene Bereiche des Unternehmens erstellt wird (häufig in ganz unterschiedlicher Ausprägung und Qualität). Auch kann in der Praxis beobachtet werden, dass IT-Dokumentation für bestimmte Geschäftsbereiche, Themenfelder, Standorte etc. gar nicht erstellt wird, da es zwischen den jeweils verantwortlichen Organisationseinheiten keine ausreichende Abstimmung gibt. Häufig entsteht zudem nur inselartige IT-Dokumentation (bspw. für bestimmte Niederlassungen), die schwer vereinheitlicht werden kann bzw. nicht mit der sonstigen IT-Dokumentation des Unternehmens abgestimmt ist.

[9] Die Zitate aus diesem Kapitel wurden von den Autoren dieses Leitfadens in vielen Jahren Prüfungs-und Beratungspraxis gesammelt.
[10] Gemäß § 2 Abs. 1 S. 2 Nr. 5 NachwG.

Beispiel
Insbesondere beim Einsatz externer Dienstleister (bspw. auch bei Auslagerungen) kann die Klärung der Verantwortlichkeiten für IT-Dokumentation eine größere Herausforderung darstellen und sollte vertraglich geregelt werden.

Fehlendes Wissen und Sensibilisierung (ggf. sogar Ignoranz) bezüglich externer Anforderungen

„Was, das gilt für uns? Uns ist noch nie etwas passiert. Danach hat auch noch nie einer gefragt – das brauchen wir daher auch nicht." „Wer zwingt uns dazu? Wir sind doch nicht betroffen!" „Der Wirtschaftsprüfer oder Betriebsprüfer hat uns noch nie danach gefragt. Das ist übertrieben, nicht mehr zeitgemäß und reine Bürokratie!"

Die große Anzahl an unterschiedlichen Anforderungen in gesetzlicher, regulatorischer und häufig auch interner Form, führt oftmals dazu, dass diese falsch interpretiert werden und so IT-Dokumentation nicht ordnungsgemäß erstellt wird. Ursache hierfür ist nicht selten fehlendes Wissen über zutreffende (IT-)Compliance-Vorgaben, die auf das Unternehmen oder nur bestimmte Unternehmensbereiche zutreffen. Immer wieder werden Vorschriften auch bewusst ignoriert, da der Druck zur Umsetzung nicht vorhanden ist oder Prüfer nicht nach diesen Themen fragen. Hier zeigt sich dann eine fehlende Auseinandersetzung mit der Thematik. Wenn immer mehr Anforderungen auf das Unternehmen zukommen (was so in der Praxis durchaus der Fall ist), ist eine Aufarbeitung vieler Anforderungen auf einmal schwierig bis unmöglich. Zudem fehlt auch oft die Sensibilisierung für die umzusetzenden Anforderungen, basierend darauf, dass der „Tone from the Top" nicht vorhanden ist.

Praxistipp:
Der Wirtschaftsprüfer sollte seinen Mandanten regelmäßig ein Update über die gesetzlichen und regulatorischen Veränderungen im Speziellen auch mit Hinblick auf IT-Dokumentation geben. Er sollte zudem darauf hinweisen, welche Art von IT-Dokumentation umgesetzt werden muss.

Fehlende Zeit und fehlende Priorisierung

„Für IT-Dokumentation haben wir keine Zeit.“
„Wann sollen wir das auch noch machen?“

Oftmals gilt die Erstellung und das Nachhalten von IT-Dokumentation als eine zusätzliche Aufgabe, für die keine Zeit vorhanden ist. Häufig wird diese Aufgabe dann als eine Aufgabe angesehen, die nicht für das Unternehmen, sondern nur für Dritte (bspw. den Wirtschaftsprüfer) gemacht wird. Zudem erhält die IT-Dokumentation oft nur eine nachgelagerte Priorisierung und wird erst dann erledigt, wenn alles andere erst einmal läuft und tadellos funktioniert – was aber in der Praxis kaum je erreicht wird.

i

Hinweis:
Hinsichtlich der fehlenden Priorisierung der IT-Dokumentation bei den Mitarbeitern sollte beachtet werden, dass:

- die Erstellung von IT-Dokumentation immer fester Bestandteil von Aufgaben-/Stellenbeschreibungen sowie von IT-Projekten sein sollte,
- Anforderungen zur Erstellung von IT-Dokumentation auch als vertraglich fester Bestandteil gegenüber externen Dienstleistern fixiert werden,
- Mitarbeiter auch zum langfristigen Nutzen der Erstellung von IT-Dokumentation sensibilisiert werden (vgl. Kapitel 3.5 bzw. 3.5.8 im Speziellen)

Fehlende Berücksichtigung in der IT-Budgetplanung

„Dafür haben wir kein Geld und es bringt uns nichts. Wenn wir die ganze Zeit nur dokumentieren, werden wir kein Geld mehr verdienen!“

Auch hier wird die IT-Dokumentation als eine zusätzliche, nicht in der Budgetplanung zu berücksichtigende Aufgabe angesehen, die nur Kosten verursacht und keinen Nutzen generiert. Ein Grund für diese Argumentation besteht darin, dass Unternehmen solche Aktivitäten, deren

Nutzen sie nicht sehen, erst gar nicht in die Budgetplanung aufnehmen möchten.

Uneinheitliche Dokumentation und uneinheitliche Verwendung von Dokumentationstools

„Wir dokumentieren in Word, die Kollegen im QM-Bereich haben ein eigenes Tool und die Personalabteilung dokumentiert alle Prozesse grafisch mit Hilfe von Präsentationssoftware.“ „Von einem Tool in unserem Unternehmen habe ich schon gehört, aber die Funktionen sind mir nicht bekannt. Ich glaube, das nutzt sowieso keiner.“

Schwierigkeiten können auch auf uneinheitliche Dokumentation zurückzuführen sein. Beispielsweise fangen bestimmte Unternehmensbereiche proaktiv mit ihrer eigenen Form von IT-Dokumentation an, weil sie den Nutzen einer solchen Dokumentation sehen oder auch Hinweise und/oder Feststellungen durch prüfende Einheiten bzw. Externe erhalten haben. Oft werden dann unterschiedliche Formate/Tools verwendet. Im Ergebnis findet sich ein Sammelsurium an Dokumentation in unterschiedlichster Qualität. Immer wieder werden so die Vorteile einer einheitlichen IT-Dokumentation nicht generiert und ein Ausrollen auf andere Bereiche ist nicht möglich. Der Einsatz von unterschiedlichen (Dokumentations-)Tools in einem Unternehmen für identische Aufgaben (anstelle der Nutzung einheitlicher/abgestimmter Tools) kann ein eindeutiges Anzeichen für fehlende Vorgaben hinsichtlich Dokumentationsmanagement sein.

Die Nutzung von Dokumentationstools kann dann ein Problem im Unternehmen darstellen, wenn deren Nutzung nicht verbreitet ist oder aufgrund unterschiedlicher Erwartungshaltungen abgelehnt wird.

i

Hinweis:
In der Praxis werden oft von einzelnen Organisationseinheiten bzw. für bestimmte Themengebiete Dokumentationstools eingeführt, denen jedoch nicht der Durchbruch zur unternehmensweiten Nutzung gelingt. Ein Grund hierfür kann sein, dass zwar eine inhaltlich/prozessual gute Lösung vorliegt, diese jedoch kein Committment des Managements genießt.

Nicht konforme/inkonsistente Dokumentenablage (inkl. Archivierung)

„Die Dokumente müssten noch auf dem Austauschlaufwerk für die letzte Abschlussprüfung liegen, eine anderweitige systematische Ablage gibt es nicht."

Häufig wird IT-Dokumentation nicht einheitlich und ohne angemessene Zugriffsberechtigungen versehen abgelegt. Oft erfolgen Ablagen auf Teamlaufwerken oder in Projektverzeichnissen ohne notwendigen unternehmensweiten Zugriff für Berechtigte, dafür jedoch nicht geschützt vor unkontrollierter Änderung oder sogar Löschung. Auch werden Dokumente immer wieder überarbeitet, ohne Zwischenstände bzw. Änderungen angemessen nachzuhalten.

Dokumentation ist veraltet und wird nicht mehr gepflegt

„Das Notfallkonzept haben wir 2009 mit einem Dienstleister zusammen erstellt, wir haben keine Änderungen daran durchgeführt. Neue Software, Hardware und einen neuen Dienstleister haben wir seitdem aber schon."

Auch heute noch findet man in der Praxis die Ansicht, dass IT-Dokumentation einmalig erstellt werden muss und dann dauerhaft in dieser Form, ohne Überarbeitung bestehen bleiben kann. Jedoch verändern sich oft nicht nur gesetzliche und regulatorische Anforderungen, sondern bspw. auch interne Prozesse, der Einsatz von Hardware, Infrastrukturkomponenten, Schnittstellen zu Anwendungen, Dienstleister oder auch wichtige Ansprechpartner. All dies kann eine Überarbeitung der IT-Dokumentation notwendig machen.

Kein Zugang zur Dokumentation von Partnern und IT-Dienstleistern

„Wir haben schon mehrfach bei dem Dienstleister angefragt, leider möchte er uns seine IT-Dokumentation nicht geben. Vertraglich ist eine Testierung des Systems vorgeschrieben und auch die Dokumentation muss uns übermittelt werden – aber wir haben bis jetzt noch keine Dokumentation erhalten. Wir

fragen jetzt auch nicht mehr nach, den Dienstleister können wir im aktuellen Stadium ohnehin nicht mehr wechseln.“[11]

Regelmäßig kann in der Praxis beobachtet werden, dass bestimmte IT-Dokumentation für Unternehmen nicht zugänglich ist, weil sie durch den Partner/IT-Dienstleister nicht herausgegeben wird (bspw. aus Gründen der Vertraulichkeit oder IT-Sicherheit). Hierbei kann es sich nicht nur um Prozessbeschreibungen oder technische Dokumentationen handeln, sondern auch um Nachweise, bspw. Protokolldateien oder Einsicht in Details aus externen Audits/Zertifizierungen der IT-Dienstleister. Auch kommt es vor, dass Dokumentation den Unternehmen zwar bereitgestellt wird, diese aber für das Unternehmen nicht nutzbar ist, da sie zu allgemein gehalten wurde (bspw. bei mehrmandantenfähigen Systemen keine Aussage über bestimmte einzelne Mandanten). Teilweise enthält IT-Dokumentation externer IT-Dienstleister zu spezifischen Themen auch nur einen Verweis auf die Dokumentationspflicht beim beauftragenden Unternehmen.

Hinweis: i
In der Zusammenarbeit mit IT-Dienstleistern sollte die Aufgabe der Erstellung und Bereitstellung von IT-Dokumentation mit diesen vertraglich geregelt werden.

Diese Zusammenstellung konnte die weitverbreiteten Herausforderungen einer angemessenen IT-Dokumentation in der Praxis aufzeigen. Oftmals fehlt eine ganzheitliche Betrachtung der IT-Dokumentation im Unternehmen. Häufig beginnen Probleme mit dem fehlenden „Tone from the Top“ und fehlender Festlegung der Verantwortlichkeiten für die Erstellung von IT-Dokumentation.

Oft wird so die Notwendigkeit für die Erstellung von IT-Dokumentation als reine Pflicht angesehen, die erfüllt werden muss. Der Nutzen, der mit dieser Dokumentation einhergehen kann, wird mitunter gar nicht gesehen.

[11] Fehlende IT-Dokumentation kann einen Lock-in-Effekt sogar noch verstärken.

2.3 Die Rolle des Wirtschaftsprüfers hinsichtlich der aufgezeigten Herausforderungen

Der Wirtschaftsprüfer nimmt zwei wichtige Rollen im Zusammenhang mit der IT-Dokumentation ein.

Einerseits ist der Wirtschaftsprüfer ein unmittelbarer **„Stakeholder“**, der ein Interesse daran hat, dass eine angemessene IT-Dokumentation vorliegt. „Die Prüfung ist so anzulegen, dass Unrichtigkeiten und Verstöße gegen die in Satz 2 aufgeführten Bestimmungen, die sich auf die Darstellung des sich nach § 264 Abs. 2 ergebenden Bildes der Vermögens-, Finanz- und Ertragslage [des Unternehmens] wesentlich auswirken, bei gewissenhafter Berufsausübung erkannt werden.“[12] Hierzu muss sich der Wirtschaftsprüfer u. a. an den (IT-)Compliance-Vorgaben und den zugehörigen IT-Dokumentationsanforderungen orientieren.

Andererseits nimmt der Wirtschaftsprüfer im Unternehmen die Rolle eines unabhängigen **Vertrauten** ein. Durch sein umfangreiches Wissen in dem Bereich der (IT-)Compliance kann er die Bedeutung und Wichtigkeit der IT-Dokumentation aufzeigen und im Unternehmen die einzelnen Verantwortungsbereiche dafür sensibilisieren. Häufig haben gerade im Unternehmen angestellte oder auch externe IT-Spezialisten nicht den nötigen Zugang zu Entscheidungsträgern, um hier die Wichtigkeit der entsprechenden IT-Dokumentation anzubringen und den Bedarf an entsprechenden Kapazitäten/Budgets transparent zu machen. Gleichzeitig kann der Wirtschaftsprüfer in beratender Funktion auch beim Aufbau und der Aktualisierung der IT-Dokumentation qualitätssichernd unterstützen.

Insgesamt kann der Wirtschaftsprüfer einen wesentlichen Beitrag zur Erfüllung gesetzlicher und regulatorischer Anforderungen liefern. Er hat einerseits ein großes Wissen und Marktkenntnis über die einzelnen zu erfüllenden Anforderungen und andererseits kennt er das Unternehmen sehr gut und weiß über mögliche Probleme und Risiken Bescheid. Er hat damit eine sehr gute Position, vermittelnd tätig zu werden und die Handlungsbedarfe der Unternehmen zur Erfüllung der Anforderungen an IT-Dokumentation darzustellen. Bei Unternehmen, die bereits anforderungskonforme IT-Dokumentation besitzen, kann der Wirtschafts-

[12] § 317 Abs. 1 Satz 3 HGB; IDW PS 450 n. F. 43 ff.

prüfer beratend den Ausbau dieser IT-Dokumentation fördern und dem Unternehmen zu einer wertsteigernden IT-Dokumentation verhelfen.

Hinweis:
In Kapitel 5 werden mögliche Beratungsansätze für den Wirtschaftsprüfer im Umfeld der IT-Dokumentation aufgezeigt.

3 Abgrenzung der IT-Dokumentation sowie deren Bedeutung für Unternehmen und Wirtschaftsprüfer

In diesem Kapitel erfolgt eine Beschreibung und Abgrenzung der IT-Dokumentation sowie eine Auflistung der wesentlichen Anforderungsquellen für deren Erstellung. Zudem wird der Nutzen der IT-Dokumentation und ihre Bedeutung für den Wirtschaftsprüfer herausgearbeitet.

Zuletzt wird die Bedeutung der Schutzziele für die IT-Dokumentation gezeigt und das Zusammenwirken mit dem IT-Compliance-Management-System dargestellt.

3.1 Definition und Ziel der IT-Dokumentation

Eine **Dokumentation** ist eine geordnete Zusammenstellung von Informationen, Belegen oder Materialien zu einem bestimmten Sachverhalt in beliebiger Art und auf jeglichem Medium, um diese für eine weitere Verwendung nutzbar zu machen[13]. Das bedeutet auch, dass ein Dokument einem bestimmten Nutzen dienen muss.

„Dementsprechend umfasst die **IT-Dokumentation** alle Dokumente, die für den Sachverhalt ‚IT' erstellt werden, einschließlich der damit verbundenen Dokumentationsaufgaben."[14] Fraglich ist ggf. noch die Definition des Begriffs **„IT"**, den jedes Unternehmen für sich abgrenzen muss. Informationstechnologie (IT) nimmt auf viele Bereiche des Unternehmens Einfluss und hat oftmals tiefgreifend in die fachlichen Ebenen des Unternehmens Einzug genommen[15]. Dieser Leitfaden fasst darunter die Gesamtheit aller Hardware, Software und Services zur digitalen Unterstützung der Geschäftsprozesse zusammen. Der Fokus liegt dabei auf den rechnungslegungsrelevanten Prozessen.

[13] Vgl. auch Definitionen gemäß Duden und Reiss/Reiss (2019), S. 356.
[14] Reiss/Reiss (2019), S. 356.
[15] Vgl. Urbach/Ahlemann (2016).

Hinweis:
IT-Dokumentation ist keinesfalls nur eine Ansammlung aller Softwarehersteller-Handbücher, Trainingsmaterialien, Vorlagen etc. Diese dienen als zusätzlich unterstützendes Material für die eigentliche IT-Dokumentation und sind daher in den allermeisten Fällen nicht ausreichend.

Ziel der IT-Dokumentation ist es, die Abläufe/Sachverhalte mit IT-Bezug für das gesamte Unternehmen nachvollziehbar und wiederverwendbar zu machen und gleichzeitig die Einhaltung externer Anforderungen zu belegen. Die IT-Dokumentation nimmt dabei die Rolle als Vorgabedokument und als Nachweisdokument ein[16] und erfüllt somit gleich mehrere Anwendungszwecke im Unternehmen.

Als **Vorgabedokument** stellt die IT-Dokumentation intern/extern begründete Anforderungen an Aufbau und Ablauf von IT-Prozessen (inkl. Kontrollen) bzw. dazugehörige Hardware, an Software, Services, Mitarbeiter, IT-Dienstleister und weitere Assets (bspw. Gebäude). Entsprechende Vorgaben müssen vor der Durchführung der jeweiligen IT-Prozesse bzw. IT-gestützten Prozesse dokumentiert werden. Vorgabedokumente können nur nach einem vorgegebenen Prozedere verändert werden und in entsprechenden Revisionsständen/Versionen vorliegen.[17]

Beispiel

IT-Vorgabedokumente können Strategien, Prozessbeschreibungen, Konzepte, Richtlinien, Arbeitsanweisungen, Betriebshandbücher etc. sein.

Im Speziellen sind dies bspw. IT-Strategie, IT-Notfallmanagementkonzept, IT-Sicherheitskonzept, Risikomanagementkonzept, Arbeitsanweisung zum Umgang mit zu löschenden Daten, Prozessbeschreibung Change Management etc.

[16] Vgl. auch DIN 9001: Unterscheidung zwischen Dokument (hier Vorgabedokument) und Aufzeichnung (hier Nachweisdokument).
[17] Vgl. Reiss (2020a).

Ein **Nachweisdokument** dient dem Nachweis der Durchführung ordnungsgemäßer IT-Prozesse bzw. IT-gestützter Prozesse und wird währenddessen oder nachgelagert erstellt. Nachweisdokumente entstehen im Rahmen des Betriebs eines bestimmten Prozesses und zeigen an, ob dieser gemäß den Vorgaben abgelaufen ist und ob es bspw. Abweichungen/Probleme/Abbrüche gab. Im Anschluss dienen Nachweisdokumente dazu, nachzuweisen, ob/wie konform ein Prozess war. Sie können, je nachdem was nachgewiesen werden soll, in unterschiedlichen Formaten vorliegen, bspw. in Form von Textdateien, Listen, grafischen Diagrammen, Dashboards etc. Nachweisdokumente müssen unveränderbar und somit eindeutig nachvollziehbar vorliegen, um eine angemessene Nachweisfunktion sicherzustellen und zugleich die Compliance mit dem Vorgabedokument zu gewährleisten[18].

Beispiel

IT-Nachweisdokumente können Aufzeichnungen, Systemprotokolle, Anwendungsstände, Auswertungen (Reports, Analysen, Statistiken), Listen/Checklisten, Formulare etc. sein.

Im Speziellen handelt es sich bspw. um Datensicherungsprotokolle, Security Audit Logs, Mitarbeitereintrittsformulare, Netzwerkübersichten, Joblisten, Incidenttickets, Benutzeranträge für Systemzugriffe, Serviceberichte, Wartungsprotokolle etc.

IT-Dokumentation kann in unterschiedlicher physischer und digitaler Form vorliegen und so im Unternehmen genutzt werden.

Hinweis:

Mögliche Formen der physischen und digitalen IT-Dokumentation:

- Analoge Speicherträger, bspw. gedruckte Benutzerhandbücher
- Magnetische Speichermedien, bspw. Festplatten
- Halbleiter-Speichermedien, bspw. SSD
- Optische Speichermedien, bspw. DVD

[18] Vgl. Reiss (2020b).

Hinweis:

Mitunter ist die Ansicht verbreitet, dass als echte IT-Vorgabedokumentation nur Arbeitsanweisungen, Verfahrensanweisungen, Prozessbeschreibungen etc. in Form klassischer Textdokumente (bspw. Microsoft Word) gelten. Vielmehr kann diese jedoch auch andere Ausprägungen annehmen und in unterschiedlicher Form im Unternehmen vorgehalten werden. So kann IT-Dokumentation bspw. auch in Form von Wikis oder anderen Tools hinterlegt werden, solange eine unkomplizierte Bereitstellung und Nachvollziehbarkeit durch sachverständige Dritte möglich ist.

Anbieter von Dokumentationstools haben es sich auch zur Aufgabe gemacht, (IT-)Dokumentation bspw. durch „Gamification" dahingehend zu vereinfachen, dass alle Mitarbeiter in Unternehmen zur Erstellung proaktiv beitragen und Nutzen durch eine stets aktuelle IT-Dokumentation generieren (bspw. monatliche Rankings in Wikis zu meistgelesenen/bestbewerteten Beiträgen).

Grundsätzlich liegt keine allgemeingültige Definition für den Umfang der IT-Dokumentation vor. Aufgrund der gesetzlichen, regulatorischen und internen Vorgaben kann abgesteckt werden, welche IT-Dokumentationen gefordert sind[19].

Praxistipp:

Es ist wichtig, dass der Wirtschaftsprüfer zu Beginn eines jeden Mandats (Prüfung oder Beratung) ein Verständnis über Art und Umfang der IT-Dokumentation im Unternehmen generiert. In der Praxis gibt es meist keine einheitliche Definition. Diese kann sich sowohl zwischen unterschiedlichen Unternehmen als auch innerhalb eines Unternehmens (bspw. mehrere Bereiche, Standorte) deutlich in Form und Inhalt unterscheiden.

19 Vgl. hierzu auch Anforderungsquellen in Kapitel 3.3 sowie die empfohlenen Mindestinhalte gängiger IT-Dokumentation in Kapitel 4.4.

3.2 Strukturierung der IT-Dokumentation

IT-Dokumentation liegt in der Praxis oftmals in unterschiedlichem Umfang, Detaillierungsgrad und Format vor. Mitunter mangelt es an Bezug zwischen den einzelnen Dokumenten und an deren systematischer Bezeichnung.

Zur Schaffung von Ordnung bzw. Standardisierung der Dokumente dient eine sogenannte **Dokumentenmatrix**[20]. Es handelt sich dabei um eine Übersicht/Liste, in welcher alle zu steuernden Dokumente inkl. jeweiliger Dokumenteneigenschaften[21], wie bspw. Geltungsbereich und Vertraulichkeit, erfasst werden.

Oftmals wird auch eine **Dokumentenlandkarte**[22] eingesetzt. Sie positioniert die vorhandenen Dokumente wie auf einer Landkarte grafisch innerhalb eines Unternehmens und stellt den Zusammenhang zwischen ihnen her.

IT-Dokumente lassen sich in **Dokumentenklassen und -typen** kategorisieren (siehe **Abb. 3.1**):

[20] Eine beispielhafte Darstellung einer Dokumentenmatrix findet sich in Kapitel 4.1.2 (vgl. **Abb. 4.2**).

[21] Vgl. hierzu Kapitel 4.2.1.

[22] Eine beispielhafte Darstellung einer Dokumentenlandkarte findet sich in Kapitel 4.1.2 (vgl. **Abb. 4.3**).

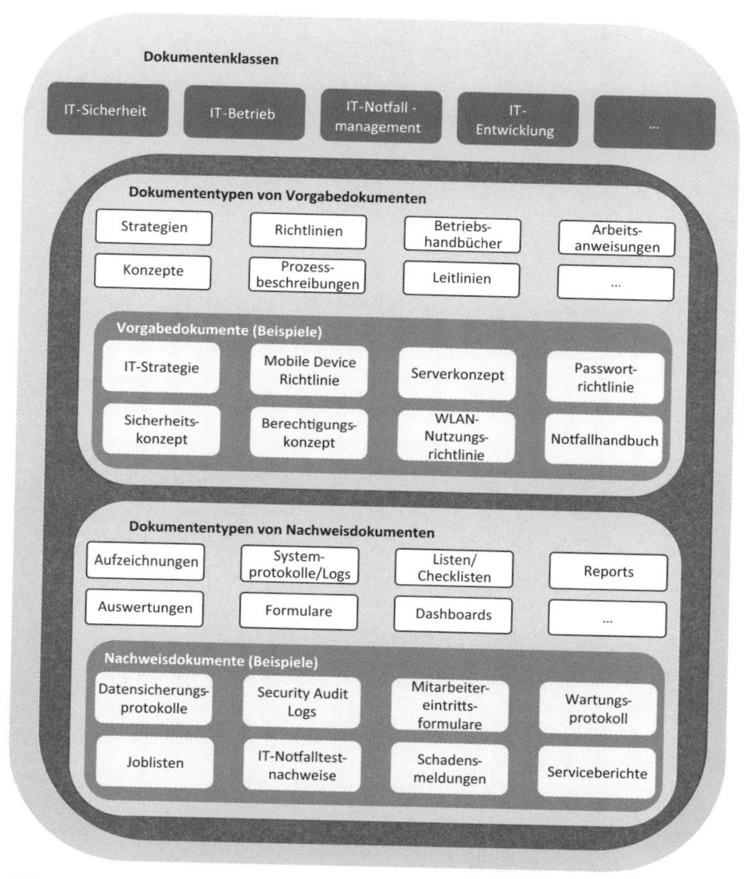

Abb. 3.1: Strukturierung nach Dokumentenklassen und Dokumententypen[23]

Dokumentenklassen ordnen die IT-Dokumentation eines Unternehmens nach einer organisatorischen Klassifizierung bzw. nach Themengebieten (bspw. IT-Sicherheit oder IT-Notfallmanagement). Dokumentenklassen können in weitere Unterklassen unterteilt werden (bspw. IT-Sicherheit in physische Sicherheit und Cyber Security).

[23] In Anlehnung an Reiss/Reiss (2019), S. 295.

Dokumententypen dagegen fassen IT-Dokumente mit vergleichbaren Eigenschaften bzw. ähnlichem Charakter zusammen (bspw. Strategien, Prozessbeschreibungen oder Systemprotokolle). Auch Dokumententypen können weiter unterteilt werden (bspw. Konzepte in Fachkonzepte und IT-Konzepte). Vorgabedokumente und Nachweisdokumente haben jeweils unterschiedliche Dokumententypen, wie beispielhaft in **Abb. 3.1** dargestellt.

Eine konsequente Strukturierung der IT-Dokumentation bietet den Vorteil, dass Dokumente klar zugeordnet sowie nach jeweiligen Kriterien gefiltert werden können. Dadurch können diese Dokumente auch leichter gefunden und im Unternehmen verteilt werden. Fehlende Dokumente können systematisch identifiziert und damit IT-Dokumentationslücken geschlossen werden.

Praxistipp:
Bei der gewählten Strukturierung der IT-Dokumentation ist darauf zu achten, dass die Kriterien bzw. Unterschiede zwischen den Dokumentenklassen und Dokumententypen klar definiert sind, um falsche Zuordnungen zu vermeiden. Anpassungen an den vorgegebenen Dokumentenklassen/-typen können dazu führen, dass IT-Dokumentation aggregiert oder aufgeteilt werden muss. Einen „perfekten" und allgemeingültigen Schnitt der Dokumentenklassen/-typen gibt es nicht. Vielmehr muss dieser von einem Unternehmen, abhängig von spezifischen Details wie bspw. ihrer IT-Leistungserstellung, selbst definiert werden.

i

Hinweis:
Individuelle Einzeldokumente vs. Standardisierung

In einigen Unternehmen existiert individuelle IT-Dokumentation wie bspw. Strategien, Richtlinien, Konzepte, Betriebshandbücher etc. in wenig strukturierter/standardisierter Form. Gegebenenfalls liegt auch noch eine unklare Bezeichnung der Dokumente vor und es mangelt an klarer gegenseitiger Abgrenzung und Bezug zwischen den Dokumenten. Der Grund hierfür liegt meist in einer fehlenden Regelung für die Strukturierung und Standardisierung der IT-Dokumentation.

Andere Unternehmen verfolgen dagegen eine konsequente und aufwändige Standardisierung über deren gesamte IT-Dokumentation, mit dem Ziel eines effizienten, da unternehmensweit standardisierten, Vorgehens. Bis zu einem gewissen Grad kann hierdurch die erhoffte Steigerung der Effizienz auch realisiert werden. Eine pauschale, vollständige Standardisierung der gesamten IT-Dokumentation im Unternehmen kann sich in der Praxis jedoch sogar als kontraproduktiv erweisen und zu einem unnötigen Aufblähen der Dokumentation führen.

Ein Mittelweg aus Standardisierung der IT-Dokumentation einerseits (bspw. Strategien, Prozessdarstellungen und Arbeitsanweisungen) und individueller Einzeldokumente andererseits (bspw. Handbücher der Softwarehersteller oder technische Detailkonzepte externer Dienstleister) stellt in der Praxis oft Best-Practice dar.

3.3 Anforderungsquellen der IT-Dokumentation[24]

Anforderungen an die IT-Dokumentation gehen aus unterschiedlichen IT-bezogenen und IT-fremden Quellen hervor. Es gibt nicht „die eine" Vorgabe an IT-Dokumentation bzw. ein zentrales Dokumentationsgesetz, welches beschreibt, was genau in einer IT-Dokumentation enthalten sein sollte. Welche rechtlichen und weiteren externen und internen Vorgaben zu beachten sind, ist abhängig davon, in welchem Land und welcher Branche mit welcher Regulierung, welchem Kundenkreis/Geschäftsmodell und welcher Art der IT-Leistungserstellung ein jeweiliges Unternehmen aktiv ist. Aus den Vorgaben gehen unterschiedliche Verpflichtungen für die Erstellung und das Nachhalten von IT-Dokumentation hervor. Je umfassender die IT in den einzelnen Unternehmensbereichen ausgestaltet ist und je mehr Beitrag sie zur Wertschöpfung des Unternehmens leistet, desto mehr Vorgaben werden an die IT aus den unterschiedlichen Quellen herangetragen.

[24] Fachliche Anforderungen, die in die IT-Systeme überführt werden sollen, stellen selbstverständlich ebenfalls eine wesentliche Quelle für IT-Dokumentation dar, stehen jedoch hier nicht im Fokus.

Im Folgenden wird eine Auswahl an Vorgaben zusammengestellt, aus welchen Anforderungen an die Erstellung/Ausgestaltung der IT-Dokumentation hervorgehen[25]:

Anforderungsquellen[26]			**Betroffene Themengebiete**
Rechtliche Vorgaben (Gesetzliche bzw. behördliche Vorgaben)	Handels- und Gesellschaftsrecht	HGB	Aufbewahrungspflichten[27], Früherkennungssystem[28]
		AktG	Dokumentationen zu IT-Compliance, IT-Sicherheits- und Risikomanagement im Rahmen der Sorgfaltspflichten der Vorstandsmitglieder[29], Dokumentation zum Überwachungssystem[30]
		KonTraG	Dokumentationen zum Risikomanagement
		GmbHG	Dokumentation zu einer angemessenen Informationssicherheit hinsichtlich der Sorgfaltsanforderungen[31]
		BilMoG	Dokumentation zur Implementierung technischer und organisatorischer Maßnahmen, Risikomanagement[32]

25 Es wird ausdrücklich darauf hingewiesen, dass diese Übersicht nicht abschließend ist und eine Auswahl der üblichen Anforderungsquellen darstellt. Für jedes Unternehmen müssen individuell dessen Umfeld und die hierfür geltenden Gesetze/Regulierungen identifiziert werden. Zudem unterliegen die jeweiligen Anforderungsquellen einer laufenden Weiterentwicklung.

26 Die Untergliederung in die drei Kategorien rechtliche Vorgaben, weitere externe Vorgaben und interne Vorgaben orientiert sich an Klotz (2009), S. 4.

27 Vgl. § 238 Abs. 2, § 257 HGB.

28 Vgl. § 290 HGB.

29 Vgl. § 93 AktG.

30 Vgl. § 91 Abs. 2 AktG.

31 Vgl. § 43 GmbHG.

32 Vgl. § 289 HGB, § 315 HGB (Umsetzung der BilMoG-Anforderungen).

Anforderungsquellen[26]			Betroffene Themengebiete
	Steuer-recht	AO	Aufzeichnungs- und Aufbewahrungspflichten sowie Datenzugriff durch die Finanzbehörden[33], Aufbewahrung der Unterlagen auf technischen Datenträgern[34], Aufstellungen von Nachweisen mit Hilfe des IT-Systems (u. a. IT-technische Daten wie Stammdaten, Schnittstellen, Verfahrensdokumentationen rechnungslegungsrelevanter DV-gestützter Verfahren)[35], Anforderungen an elektronische Dokumentationen[36]
		UStG	Verfahrensdokumentationen und Nachweisdokumente zum Umgang mit elektronischen Rechnungen[37]
	Daten-schutz	DS-GVO	Implementierung angemessener, dem Stand der Technik entsprechender IT-technischer Maßnahmen inkl. Nachweis über deren anforderungsgerechte Umsetzung[38]
		BDSG	Dokumentation zum Umgang mit personenbezogenen Daten[39]
		TMG	Nachweis- und Überprüfungspflichten über den eingesetzten Stand der Technik[40], vorgenommene Dienstvereinbarungen[41], IT-Dokumentation zum Haftungsausschluss[42], Umgang mit personenbezogenen Daten[43]
		TKG	Dokumentation über angemessene technische Maßnahmen zum Schutz des Fernmeldegeheimnisses und personenbezogener Daten (u. a. IT-Sicherheitskonzept, Benennung IT-Sicherheitsbeauftragter)[44]

33 Vgl. §§ 145 ff. AO, § 147 AO; § 147a AO.
34 Vgl. § 147 Abs. 2 AO.
35 Vgl. § 147 Abs. 6 AO, § 87c Abs. 4 AO; § 146 AO; § 146a AO.
36 Vgl. § 87a AO.
37 Vgl. § 14 UStG, § 14b UStG.
38 Die Dokumentation der technisch-organisatorischen Maßnahmen gemäß DS-GVO ist nicht ausreichend, um die gesamten IT-Prozesse und -Kontrollen eines Unternehmens zu beschreiben. Technische und organisatorische Maßnahmen nach DS-GVO zielen insbesondere auf personenbezogene Daten und nicht auf alle rechnungslegungsrelevanten, IT-bezogenen Prozesse ab.
39 U. a. § 22 BDSG mit Hinweisen zu technischen und organisatorischen Kontrollmaßnahmen.
40 Vgl. §§ 5,6 TMG.
41 Vgl. §§ 7 ff. TMG.
42 Vgl. § 10 TMG.
43 Vgl. §§ 14, 15 TMG.
44 Vgl. § 109 TKG.

Anforderungsquellen[26]			Betroffene Themengebiete
	Sonstige Gesetze, Richtlinien und Verordnungen	BSIG	Dokumentationen zu organisatorischen und technischen Maßnahmen zum Schutz der kritischen Infrastruktur nach den Vorgaben des BSI IT-Grundschutz-Kompendiums bzw. B3S; Prüfungsverpflichtung inkl. Prüfung der Vorgabedokumente und IT-Nachweisdokumentation[45]
		GeschGehG	Dokumentationen zu Sicherungsmaßnahmen von Geschäftsgeheimnissen
		Branchenspez. Vorgaben	Bspw. Finanzinstitute: MaRisk[46], BAIT[47], KaMaRisk, KAIT, VAIT etc. IT-bezogene Aktivitäten sind auf Grundlage von Organisationsrichtlinien schriftlich zu fixieren, zu betreiben, bekanntzumachen und bei Notwendigkeit anzupassen; weitreichende Detailanforderungen gehen aus den jeweiligen Vorgaben hervor Bspw. Automobilindustrie: TISAX
	Sonstige Verwaltungsvorschriften	GoBD	Konkretisierung der Vorgaben der AO und des UStG, Vorgaben zur IT-Dokumentation (u. a. Dokumentation des IKS, Verfahrensdokumentation[48], Protokollierung von Änderungen, Zertifizierung und Softwaretestate) und Vorgaben zum Umgang mit digitalen Unterlagen
		BITV 2.0	Dokumentationen zu barrierefreier Informationstechnik[49]
		EVB-IT	Dokumentationen für die Beschaffung von IT-Leistungen (Vertragsanforderungen, besondere Regeln)

45 Vgl. § 8a BSIG.

46 U. a. AT 4.3 Internes Kontrollsystem oder AT 6 Dokumentation .

47 U. a. AT 3.5 Schutzbedarfsfeststellung und zugehörige Dokumentationen.

48 Bei der Verfahrensdokumentation sind gemäß GoBD gefordert: sachlogische Beschreibung, Anwenderdokumentation, technische Beschreibung und Betriebsdokumentation des DV-gestützten Prozesses (vgl. hierzu auch den Exkurs in Kapitel 4.4.16).

49 Vgl. § 2a BITV 2.0; § 5 BITV 2.0.

Anforderungsquellen[26]			**Betroffene Themengebiete**
	Verträge	Vertragl. Verein-barungen	Sämtliche Verträge zur IT-Leistungserstellung (Lizenzierung, Entwicklung und Betrieb) Vertragsdetails zu Servicelevels (SLA, OLA), wie bspw. Lieferung bestimmter IT-Prozess-dokumentationen, IT-Zertifizierungen und Reports über erfolgte IT-Leistungen Spezifische Regelungen zu ausgelagerten IT-Aktivitäten (inkl. Cloud Computing: SaaS, PaaS, IaaS) Vertragliche Regelungen zur Nutzung von IT-Hardware (bspw. Rechenzentren) Allgemeine Verträge mit denkbarem Bezug zu IT, Geheimhaltungsvereinbarungen (NDA), Verträge über die Verarbeitung personenbezogener Daten durch einen Auftragsverarbeiter (AVV)
Weitere externe Vorgaben (insbes. Selbstregu-lierung/Best-Practice)	Interna-tionale (fach-spez.) Normen	DIN EN ISO/IEC 27001	Anwendungsbereich des ISMS (Abschnitt 4.3), Informationssicherheitspolitik und Ziele (Abschnitte 5.2 und 6.2), Risikobewertungs- und Risikobehandlungsmethodik (Abschnitt 6.1.2, 6.1.3, 8.2, 8.3), Anwendbarkeitserklä-rung (Abschnitt 6.1.3d), Risikobehandlungs-plan (Abschnitte 6.1.3, 6.2), Risikobewer-tungsbericht (Abschnitt 8.2), Definition der Sicherheitsrollen und Verantwortlichkeiten (Abschnitte A.7.1.2, A.13.2.4), Verzeichnis der Assets (Abschnitt A.8.1.1, A.8.1.2), Akzeptable Nutzung von Assets (Abschnitt A.8.1.3), Richt-line für Zugriffskontrolle (Abschnitt A.9.1.1.), Betriebsverfahren für das IT-Management (Abschnitt A.12.1.1), Vertraulichkeitserklärung (Abschnitt 7.1.2, A.13.2.4, A.15.1.2), Prinzipien der sicheren Entwicklung (Abschnitt A.14.2.5), Sicherheitspolitik für Lieferanten (Abschnitt A.15.1.1), Incident-Management-Verfahren (Abschnitt A.16.1.5), Verfahren für betriebliche Kontinuität (Abschnitt A.17.1.2), gesetzliche, behördliche, vertragliche Anforderungen (Abschnitt A.18.1.1); Aufzeichnungen (Schu-lungen, Fähigkeiten, Erfahrungen und Quali-fikation, Überwachungs- und Messergebnisse, internes Audit-Programm, Ergebnisse interner Audits, Ergebnisse aus Managementbewertun-gen, Ergebnisse von Korrekturmaßnahmen, Protokolle über Anwenderaktivitäten, Ausnah-men und Sicherheitsereignisse; Anforderungen an dokumentierte Informationen Zusätzliche Dokumentationsanforderungen und -hinweise aus ISO/IEC 27002:2021

Anforderungsquellen[26]			Betroffene Themengebiete
		DIN ISO 19600	Auditprozess (Abschnitt 3.31), Umfang des Compliance-Management-Systems (Abschnitt 4.3), Compliance-Verpflichtungen (Abschnitt 4.5.1), Compliance-Richtlinie (Abschnitt 5.2.1), der Compliance-Richtlinie zugeordnete Dokumente wie operative Richtlinien, Verfahren und Prozesse (Abschnitt 5.2.1), alle dokumentierten Informationen und Daten, die zur Durchführung der Compliance-Aufgaben benötigt werden (Abschnitt 5.3.3), Reports und Dokumentationssystem (Abschnitt 5.3.4), Compliance Risiken (Abschnitt 6.1), Compliance-Ziele (Abschnitt 6.2), Kompetenznachweise (Abschnitt 7.2.1), Register der Nichtkonformitäten und Beinahefälle (Abschnitt 7.5.1), jährliche Compliance-Pläne (Abschnitt 7.5.1), Personalunterlagen, einschließlich, aber nicht beschränkt auf Schulungsunterlagen (Abschnitt 7.5.1), Managementreviews (Abschnitt 9.3)
		ISO/IEC 20000	IT-Dokumentationen für das IT-Servicemanagement
		ISO/IEC 38500	IT-Dokumentationen hinsichtlich der Corporate Governance der Informationstechnologie
	IT-spezifische Branchenstandards	BSI IT-Grundschutz-Kompendium	Veröffentlichung des BSI zum IT-Grundschutz leitet Anforderungen an IT-Dokumentation zu u. a. IT-Sicherheitsrichtlinie, Datensicherungskonzept, Kryptokonzept, Notfallplan, Berechtigungskonzept, Änderungsmanagement, Verzeichnisdienstkonzept, Malwarekonzept ab
		ITIL	Dokumentationen im Rahmen des IT-Servicemanagements (bspw. Incident Management, Problem Management, Release Management, Change Management, Service Desk, Portfolio Management, Project Management)
		NIST	Dokumentationsanforderungen rund um IT (bspw. Cyber Security Framework)

Anforderungsquellen[26]			Betroffene Themengebiete
	Verbands-standard	IDW PS 330	Dokumentationen der IT u. a. im Rahmen der Aufbauprüfung (bspw. Sicherheitskonzept, IT-Strategie, Regelungen zur Aufbau- und Ablauforganisation (Organisationsplan, Richtlinien und Arbeitsanweisungen) sowie auf Grundlage von Prozess- und Funktionsbeschreibungen)[50]
		IDW PS 850	Nachweise über Projekte (u. a. Migrationskonzept, Testkonzept, Fehlerbereinigung, Schulungen)
		IDW PS 860	Dokumentationen ausgewählter Themengebiete (DS-GVO, KRITIS und Cloud)[51]
		IDW PS 880	IT-Dokumentationen für Softwareprodukte
		IDW PS 951 n. F.	Dokumentationen zu Dienstleistungsprozessen
		IDW RS FAIT 2	Dokumentationen bei Einsatz von E-Commerce
		IDW RS FAIT 3	Dokumentationsanforderungen beim Einsatz elektronischer Archivierungsverfahren
		IDW RS FAIT 4	Dokumentationen IT-gestützter Konsolidierungsprozesse
		IDW RS FAIT 5	Dokumentationen im Rahmen von Cloud Computing
		ISACA	Orientierungshilfen für diverse IT-Dokumentationsanforderungen (bspw. IT-Sicherheit, KI, Cloud Computing, Blockchain)
		DIIR	Dokumentationsanforderungen im Rahmen der Revision
Interne Vorgaben	Unternehmenseigene Vorgaben		Bspw. interne Vorgaben an IT-Sicherheit, Passwortsicherheit, IT-Risikomanagement, Datensicherung, Archivierung, physische Sicherheit, Berechtigungsmanagement

Tab. 3.1: Übersicht Anforderungsquellen für IT-Dokumentation[52]

50 Vgl. IDW PS 330 und IDW RS FAIT 1; IDW PH 9.3030.1 liefert Hinweise zu den notwendigen Dokumenten im Rahmen der IT-Prüfung.

51 Vgl. IDW PS 860, u. a. mit den IDW PH 9.860.1 Prüfung DS-GVO oder IDW PH 9.860.2 KRITIS Unternehmen oder IDW PH 9.860.3 Cloud-Dienste.

52 Vgl. zur Gliederung auch Klotz (2009), S. 4 und Nestler/Modi (2019), S. 22/23.

Praxistipp:
Die Anforderungen hinsichtlich der IT-Dokumentation aus den in **Tab. 3.1** dargestellten Anforderungsquellen können äußerst umfangreich sein. Die Ermittlung aller für ein Unternehmen geltenden Anforderungen kann mitunter eine anspruchsvolle Aufgabe für Unternehmen darstellen[53].

Der Wirtschaftsprüfer kann mit seiner Erfahrung seine Mandanten dabei unterstützen, die jeweils geltenden rechtlichen/externen Anforderungen zu ermitteln, und deren Auswirkung auf die IT-Dokumentation transparent machen.

3.4 Stakeholdergerechte IT-Dokumentation

IT-Dokumentation hat sowohl unternehmensinterne als auch unternehmensexterne Stakeholder, die Anforderungen an die IT-Dokumentation stellen. Es bestehen Abhängigkeiten (bspw. mögliche Auswirkung umfangreicher Anpassungen der IT-Dokumentation auf externe Prüfungen/Zertifizierungen) und unterschiedliche Zielsetzungen an die Dokumentation, die es zu berücksichtigen gilt (bspw. vom Management angestrebte Kosteneinsparung durch Minimaldokumentation vs. vom Prüfer geforderte Angemessenheit/Vollständigkeit/Richtigkeit).

Unternehmensinterne Stakeholder können je nachdem, ob sie im Management oder auf operativer Mitarbeiterebene angesiedelt sind, unterschiedliche Erwartungshaltungen an IT-Dokumentation haben. Das IT-Management benötigt meist komprimierte Informationen über IT-Sachverhalte im Unternehmen, um sich auch von der Zielerreichung und Einhaltung der Compliance zu überzeugen. IT-Administratoren dagegen möchten individuell zusammengestellte, oft detaillierte Informationen über bestimmte Themenbereiche, die sie verantworten. Mitarbeiter des Service Desk dagegen möchten klare Anwendungsbeschreibungen oder Anleitungen, die dabei unterstützen, Störungen anderer Anwender schnell zu beheben. Entwickler oder Tester benötigen tiefgehende Informationen über die Funktionen, Abhängigkeiten und den Code von IT-Anwendungen, um diese anzupassen, weiterzuent-

53 Die Mindestinhalte gängiger IT-Dokumentation werden im Kapitel 4.4 dieses Leitfadens dargestellt.

wickeln und auf ihre Korrektheit zu überprüfen. Außerhalb der IT, in den Fachbereichen, benötigen die Mitarbeiter IT-Dokumentationen, die ebenfalls anwendungsgerecht sind, aber deutlich weniger technische Details enthalten. Abhängig von der Art der IT-Leistungserstellung können Stakeholder zudem abweichende Anforderungen an die IT-Dokumentation haben.

Unternehmensexterne Stakeholder haben oftmals auch Interesse an der IT-Dokumentation eines Unternehmens, abhängig davon, in welcher Beziehung sie zu einem Unternehmen stehen. IT-Dienstleister, die für mehrere Unternehmen IT-bezogene Dienstleistungen anbieten, möchten IT-Dokumentation möglichst generisch erstellen/bereitstellen, um sie für viele Kunden zugleich nutzbar zu machen. Externe prüfende Einheiten (bspw. Wirtschaftsprüfer, Betriebsprüfer, Zertifizierungsstelle, Behörden etc.) benötigen oftmals Informationen in unterschiedlichstem Detailierungsgrad (sowohl Überblick als auch Detailbetrachtung), um die gesetzliche und regulatorische Angemessenheit überprüfen zu können. Kunden und Lieferanten haben ggf. auch ein Interesse an komprimierter IT-Dokumentation eines Unternehmens, um die Möglichkeit einer organisatorischen und technischen Anbindung der Unternehmen bewerten zu können.

Der **Detaillierungsgrad von IT-Dokumentation** ist abhängig vom Stakeholder und wird in der folgenden Darstellung abgebildet (**Abb. 3.2**).

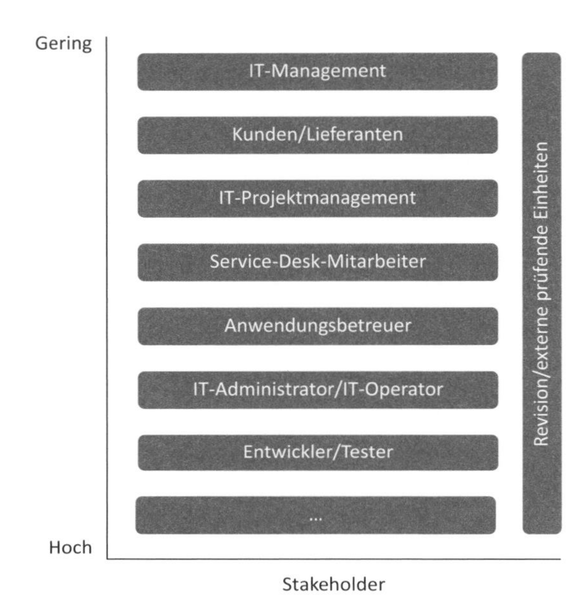

Abb. 3.2: Unterschiedliche Anforderung an den Detaillierungsgrad von IT-Dokumentation je Stakeholder[54]

Praxistipp:
IT-Dokumentation muss allen Stakeholdern gerecht werden

Die Darstellung der Stakeholder der IT-Dokumentation zeigt auf, dass es keinen „perfekten" Detaillierungsgrad der IT-Dokumentation für alle gibt. Unterschiedliche Stakeholder haben unterschiedliche Anforderungen an den Umfang und die inhaltliche Detaillierung eines IT-Dokuments, da unterschiedliche Tätigkeiten damit verbunden sind. Bei der Erstellung von IT-Dokumentation müssen nach der Beachtung gesetzlicher und regulatorischer Anforderungen auch immer die Anforderungen der jeweilig betroffenen Stakeholdergruppe gründlich analysiert und in der Konzeption berücksichtigt werden. Um den Adressatenkreis klar für jede IT-Dokumentation zu bestimmen, kann dieser, abhängig von der Organisationsstruktur, im Dokument genannt werden.

[54] In Anlehnung an Reiss/Reiss (2019), S. 2.

3.5 Multidimensionaler Nutzen der IT-Dokumentation für Unternehmen in der Praxis

Das Erstellen und Aktualisieren von IT-Dokumentation stellt aufgrund des initialen Aufwands der Erstellung oftmals ein großes Hindernis für Unternehmen dar. Der geringe Stellenwert, den die IT-Dokumentation in manchen Unternehmen einnimmt, führt dazu, dass Dokumentation mit niedriger Priorität und oft auch geringem Qualitätsanspruch erstellt wird, nur um gesetzliche oder regulatorische Anforderungen annähernd zu erfüllen. Eine angemessen erstellte und gepflegte IT-Dokumentation kann jedoch sowohl für das (IT-)Management als auch für den operativen Betrieb Nutzen in mehreren Dimensionen schaffen (siehe **Tab. 3.2**):

Nutzen für das (IT-)Management	Nutzen für den operativen Betrieb
– Einhaltung der gesetzlichen und regulatorischen Anforderungen (3.5.1) – Professionelle Verankerung der IT im Unternehmen (3.5.2) – Sicherung und nachhaltige Nutzung von IT-Know-how (3.5.3) – Transparenz von IT-Prozessen ermöglicht Steuerung, Standardisierung/ Optimierung und Reorganisation der IT (inkl. Digitalisierungsvorhaben) (3.5.4) – Verbesserung der Informations-/IT-Sicherheit und IT-Forensik (3.5.5) – Langfristige Ressourcenersparnis durch effektive IT-Dokumentation (3.5.6) – Steuerung/Kontrolle der Mitarbeiter und Förderung ihrer Motivation/ Eigeninitiative (3.5.7)	– Unterstützung und Vereinfachung der täglichen Arbeit innerhalb der IT und mit anderen Abteilungen (3.5.8) – Effiziente Bearbeitung von Störungen, Problemen und Ausfällen (3.5.9) – Verbesserung des IT-Servicemanagements (3.5.10) – Erleichterung von Change-Vorhaben (3.5.11) – Verbesserung IT-Dienstleistermanagement (3.5.12)

Tab. 3.2: Nutzendimensionen der IT-Dokumentation für das (IT-)Management und den operativen Betrieb

Hinweis:
Der Nutzen für das (IT-)Management scheint aufgrund der größeren Anzahl an Argumenten auf den ersten Blick gegenüber dem Nutzen für den operativen Betrieb zu überwiegen. Auch wenn die einzelnen Nutzenaspekte jeweils primär dem (IT-)Management oder dem operativen IT-Betrieb zugeordnet werden können, beeinflussen sich die-

se doch meist auch gegenseitig und zahlen sich im Umkehrschluss für beide aus.

Beispielsweise kann operative IT-Dokumentation im Bereich der Anwendungsprotokollierung und Systemüberwachung auch Nutzen für das Management mit sich bringen (Stabilität der IT-Verarbeitung wird sichergestellt). Andererseits können beim (IT-)Management verortete Strategien positive Auswirkung auf den IT-Betrieb haben (klares Committment zu angemessener personeller Ausstattung des IT-Betriebs).

Die in der **Tab. 3.2** genannten Nutzenaspekte von IT-Dokumentation werden in den folgenden Kapiteln im Detail betrachtet.

3.5.1 Einhaltung der gesetzlichen und regulatorischen Anforderungen

Ein wesentlicher Aspekt der Erstellung von IT-Dokumentation ist die Einhaltung gesetzlicher und regulatorischer Anforderungen. IT-Dokumentation liefert die Grundlage für die korrekte Umsetzung der Anforderungen und trägt zur Erfüllung der IT-Compliance des Unternehmens wesentlich bei.

„Durch die Erstellung, Kommunikation und Implementierung von risikoorientierten Vorgaben sollen Gesetzesverstöße durch Mitarbeiter präventiv verhindert und die Gesetzeskonformität sichergestellt werden“[55]. Die IT-Dokumentation hat hierbei einen Vorgabecharakter und ist auch richtungsweisend für die einzelnen Mitarbeiter.

Besonders kleine und mittelständische Unternehmen verfügen oftmals nicht über ein dem Risiko angemessenes Compliance-System; oft auch ist das Dokumentationsmanagement und das Dokumentenmanagement nicht angemessen ausgestaltet. Dies ist manchmal auf ein mangelndes Verständnis für das (IT-)Compliance-Management in den Unternehmen zurückzuführen.[56] In letzter Konsequenz kann das zu einem Organisationsverschulden führen.

55 Hoffjan/Winter/Bartosch (2021), S. 429.
56 Vgl. Hoffjan/Winter/Bartosch (2021), S. 428.

i

Hinweis:
Organisationsverschulden

Organisationsverschulden im Deliktsrecht stellt die Haftung aufgrund der Verletzung von Organisationspflichten oder hinsichtlich der Nichterfüllung gesetzlicher Anforderungen an betriebliche und organisatorische Maßnahmen dar[57]. Das Verschulden in Organisationen wird auf dieser Grundlage nicht unbedingt der handelnden Person zugeordnet. In den meisten Anwendungsfällen wird so ein organisationsbedingter Fehler eines Arbeitnehmers dem Arbeitgeber angelastet.

Die IT-Dokumentation nimmt auch eine wichtige Rolle in der Vermeidung von straf- und zivilrechtlichen Haftungsrisiken ein, indem sie die gesetzlichen und regulatorischen Anforderungen in den Unternehmensbetrieb übersetzt.

Genauso kann die Einhaltung der Dokumentationspflichten aus gesetzlichen und regulatorischen Anforderungen Einfluss auf die Reputation eines Unternehmens haben. Ein Unternehmen, welches den Anforderungen umfassend Folge leistet, hat meist eine bessere öffentliche Wahrnehmung als ein Unternehmen, welches bspw. durch Strafzahlungen oder negative Presse aufgrund nicht gesetzeskonformen Verhaltens ins öffentliche Interesse rückt.[58]

Auch unternehmensintern hat die Einhaltung der gesetzlichen und regulatorischen Anforderungen und ihre Übersetzung in interne (IT-) Dokumentationen eine positive Wirkung. Die Erstellung stärkt das Bewusstsein der Mitarbeiter für deren Sinnhaftigkeit.

In Kapitel 3.3 wird eine Übersicht über die gesetzlichen und regulatorischen Quellen für IT-Dokumentation gegeben.

57 JuraForum (2021).
58 Bspw. KRITIS-Unternehmen drohen zukünftig Strafen analog zu denen aus der DS-GVO, wenn Nachweise nicht angemessen und rechtzeitig erfolgen.

Praxistipp:
Gesetze und Regulatorik sind ein zentrales, bei Weitem jedoch nicht das einzige Argument für die Erstellung von IT-Dokumentation

Aufgrund möglicher Strafen wird von Unternehmen die Einhaltung der gesetzlichen und regulatorischen Anforderungen meist als wesentlichster oder sogar einziger Grund für die Erstellung der IT-Dokumentation gesehen.

Der Wirtschaftsprüfer sollte jedoch im Gespräch mit den Mandanten unbedingt auch die weiteren Argumente aufzeigen, um den langfristigen und mehrdimensionalen Nutzen der IT-Dokumentation für das gesamte Unternehmen zu verdeutlichen.

Eine „Alibi-Dokumentation" zur alleinigen Erfüllung externer Vorgaben ist unbedingt auch im IT-Bereich zu vermeiden. Bei dieser wird häufig übersehen, dass getroffene/dokumentierte Vorgaben und Regelungen auch in der Praxis umgesetzt werden müssen, um keine Verstöße gegen eigene Vorgaben zu verursachen (bspw. fehlende Kommunikation der Vorgaben an operative Einheiten, abweichende Abläufe von Prozessvorgaben oder Nachdokumentation von nicht ausgeführten Kontrollen für den Wirtschaftsprüfer).

Nicht gelebte IT-Dokumentation erkennt man oft daran, dass diese sehr formal an gesetzlichen Normen orientiert ist, nicht auf Unternehmensspezifika angepasst wurde, keinen Zusammenhang zu anderen Unternehmensabläufen/-bereichen hat, keine zentrale Verfügbarkeit der Dokumentation im Unternehmen besteht und veraltete Stände vorliegen. Auch existiert oft kein unternehmensweites Dokumentationsmanagement bzw. Dokumentenmanagement[59].

[59] Bezüglich möglicher Beratungsansätze des Wirtschaftsprüfers u. a. zur Einführung eines Dokumentationsmanagements und Dokumentenmanagements vergleiche Kapitel 5.

3.5.2 Professionelle Verankerung der IT im Unternehmen

IT liefert in den meisten Unternehmen einen wesentlichen Beitrag zum Unternehmenserfolg. Das diesbezüglich mitunter schlechte Image der IT ist endgültig überholt.

Erfolgreiche Unternehmen unterstützen ihre Geschäftsprozesse nachhaltig durch IT. In vielen Fällen wird ihr Geschäftsmodell durch entsprechende IT-Dienstleistungen erst ermöglicht.

Manchmal ist in der Praxis jedoch eine lediglich informelle Einbindung der IT in die Geschäftsprozesse zu sehen, was sich insbesondere auch darin widerspiegelt, dass keine gleichwertige Berücksichtigung in der Unternehmensdokumentation stattfindet. Die Erstellung angemessener IT-Dokumentation kann hierzu einen wesentlichen Beitrag liefern und der IT den ihr angemessenen Stellenwert geben (in Strategien, Prozessen, Abläufen etc.).

Praxistipp:
Die Aufnahme der IT auf Ebene von Top Management und Geschäftsleitung sowie entsprechende stringente Erstellung von IT-Dokumentation verankert die IT nachhaltig im Unternehmen.

3.5.3 Sicherung und nachhaltige Nutzung von IT-Know-how

Know-how der Mitarbeiter liefert auch in Zeiten fortgeschrittener Digitalisierung einen ganz wesentlichen Beitrag zum Unternehmenserfolg.

Prozesse, Konfigurationen, menschliche Interaktionen und der Erfahrungsschatz in Bezug auf unternehmensspezifische Vorgänge liegen in vielen Unternehmen nicht in verschriftlichter Form vor, sondern werden lediglich gelebt bzw. informell von den Mitarbeitern vorgehalten. Wenn die Mitarbeiter das Unternehmen verlassen, verlässt oftmals auch ein großer Wissensschatz das Unternehmen. Aufgrund von Fachkräftemangel, verkürzten Produktlebenszyklen und höheren Erwartungen des Marktes an Produkte und die dahinterstehenden Unternehmen rückt Wissen immer mehr ins Zentrum. Um am Markt erfolgreich zu sein, eine Vorreiterrolle einzunehmen und wettbewerbsfähig zu sein, ist ein effektives Wissensmanagement essentiell. Wissen wird zweifelsohne auch als vierter Produktionsfaktor neben Arbeit, Kapital und Boden bezeichnet[60].

Wissen bzw. Know-how ist die Summe an Informationen, die durch die Interpretation von Erfahrungen gesammelt wird, und liegt in zwei Formen vor:

- Explizites Wissen: Es handelt sich hierbei um dokumentiertes und bereits reproduzierbares Wissen, bspw. in Richtlinien, Prozessbeschreibungen, Verfahrensanweisungen hinterlegt.
- Implizites Wissen: Implizites Wissen vereint sich in den Erfahrungen und dem Können einzelner Mitarbeiter. Es ist lediglich in den Köpfen gespeichert und schwerer reproduzierbar[61].

Eine zentrale Aufgabe von Unternehmen besteht darin, implizites Wissen in explizites Wissen umzuwandeln und so für das gesamte Unternehmen zu nutzbarem Wissen zu machen. Gleichzeitig soll explizites Wissen zu verinnerlichtem impliziten Wissen werden (d. h. Routinen bei den Mitarbeitern geschaffen werden).

IT-Wissen als Teilbereich des Wissens im Unternehmen spielt eine besonders wichtige Rolle aufgrund der hohen Bedeutung der IT für den Erfolg der Geschäftsprozesse. Viele der fachlichen Prozesse im Unternehmen haben einen technischen Counterpart, der notwendig ist, damit der fachliche Prozess funktionsfähig ist. IT-Wissen ist zur Erhaltung der technischen und IT-gestützten Geschäftsprozesse notwendig und sollte daher in Form von explizitem Wissen vorgehalten und nutzbar gemacht werden.

Wissen von Mitarbeitern, die das Unternehmen verlassen haben (sowohl geplant als auch ungeplant, temporär als auch dauerhaft), lässt sich gar nicht oder nur mit erhöhtem Aufwand wiedererlangen und nutzbar machen. Umso wichtiger ist es, dieses Wissen zu bewahren und für das Unternehmen verwertbar zu machen. Um dies zu erreichen, imple-

60 Vgl. Jaspers (2008), S. 1.
61 Vgl. Katenkamp (2011).

mentieren Unternehmen Wissensmanagementverfahren[62]. Die Grundlage hierfür ist oftmals die Verschriftlichung von Wissen in Form von Dokumentation.

Die Hürde, Wissen der Mitarbeiter zu verschriftlichen, ist oftmals sehr hoch, da es mit initialem Aufwand verbunden ist und der Bedarf meist erst nach Ausfall/Austritt eines Mitarbeiters bewusst wird. Die Mitarbeiter können in der Zeit, in der sie ihr Wissen dokumentieren, keinen anderen produktiven Arbeiten nachkommen. Gleichzeitig müssen Mitarbeiter oftmals zusätzlich motiviert werden, ihr Wissen zu teilen. Mitarbeitern muss das Bedenken genommen werden, dass sie durch Erstellung guter Dokumentation leicht ersetzt werden können.

Lediglich vorhandenes Wissen irgendwie zu dokumentieren, reicht jedoch meist nicht aus. Es ist wichtig, eine Balance zwischen Sicherung und nachhaltiger Nutzbarkeit von Wissen zu finden, ohne dabei gesetzliche und regulatorische Anforderungen zu gefährden. Lokale Ablageorte oder E-Mail-Archive unterstützen die Sicherung und nachhaltige Nutzung von (IT-)Know-how meist nicht angemessen. Das Wissen ist dann zwar theoretisch vorhanden, kann aber nicht unternehmensweit genutzt werden, weil es in einer Fülle an Informationen nicht auffindbar und damit nicht verwendbar ist. Das verschriftlichte Wissen muss den anderen Mitarbeitern und dem Unternehmen selbst nutzbar gemacht werden bzw. in angemessener Form abrufbar und verwendbar sein. Dies erreichen viele Unternehmen durch den Einsatz von Tools (bspw. Wikis, Dokumentenmanagementsysteme) und durch angeschlossene Schulungen oder Mentoringprogramme, die es ermöglichen, Wissen im Unternehmen aktiv zu verbreiten und zu nutzen.

Praxistipp:
Wissen einzelner Mitarbeiter nutzbar machen

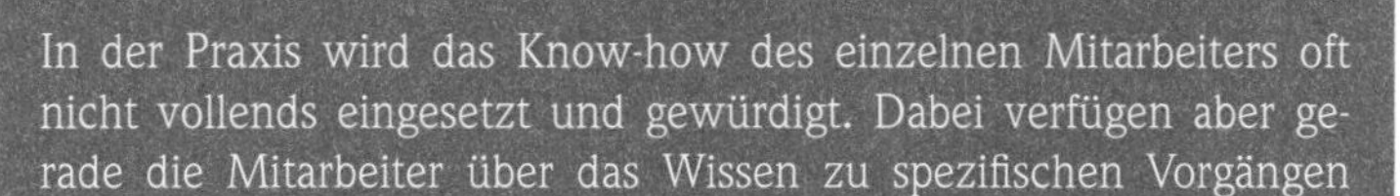
In der Praxis wird das Know-how des einzelnen Mitarbeiters oft nicht vollends eingesetzt und gewürdigt. Dabei verfügen aber gerade die Mitarbeiter über das Wissen zu spezifischen Vorgängen

[62] Eine Vertiefung in die Theorien, Prozesse und Tools des Wissensmanagements kann grundsätzlich auch über IT-Wissen hinaus empfohlen werden. Dieser Leitfaden kann nur einen Einblick in das Thema liefern und in Ansätzen die Bedeutung eines strategischen und operativen Managements von (IT-)Wissen beleuchten.

und/oder Workarounds im Unternehmen. Dies ist meist nicht verschriftlicht, weil keine proaktive und transparente Dokumentationskultur etabliert ist und keine Möglichkeit geschaffen wird, Wissen verschriftlicht abzulegen. Es existiert kein entsprechend ausgeprägtes Dokumentationsmanagement/Dokumentenmanagement und zudem wird dem Mitarbeiter nicht glaubwürdig vermittelt, dass er durch gute Dokumentation nicht ersetzt werden soll. Neue Mitarbeiter und externe Kräfte brauchen immer eine bestimmte Einarbeitungszeit, ehe sie auf dem gleichen Stand sein können wie ein langjähriger Mitarbeiter.

Bei Dokumentation des Wissens in einer auswertbaren und wiederverwendbaren Form können wiederum Synergieeffekte zwischen den Bereichen nutzbar gemacht werden.

Der Wirtschaftsprüfer kann seine Rolle und Erfahrung beim Mandanten nutzen, damit Unternehmen eine wissensteilende Kultur entwickeln bzw. ausbauen.

3.5.4 Transparenz von IT-Prozessen ermöglicht Steuerung, Standardisierung/Optimierung und Reorganisation der IT (inkl. Digitalisierungsvorhaben)

IT-Dokumentation kann einen wesentlichen Beitrag dazu liefern, **bestehende IT-Prozesse und -aktivitäten transparent** und hinsichtlich ihrer Ziele bewertbar zu machen. So ist es möglich, Verbesserungspotenziale aufzuzeigen und Prozesse effizienter zu gestalten. Transparenz kann dabei unterstützen, dass Prozesse angemessen gesteuert und entsprechend den Unternehmenszielen verbessert werden können (Standardisierung/Optimierung/Reorganisation).

In erster Linie erfolgt dies durch eine konsequente Darstellung von IT-Prozessen in Form von Prozess-Modellierungen (bspw. mittels BPMN-Prozessdarstellung[63]), Verfahrensanweisungen, Anwendungsbeschreibungen/Handbüchern und sonstiger Systemdokumentation. Im Tagesgeschäft gelebte Abläufe, die in den Köpfen einzelner Mitarbeiter

[63] „Business Process Model and Notation" ist eine grafische Spezifikationssprache in der Wirtschaftsinformatik und im Prozessmanagement (Herausgeber: OMG).

im Unternehmen verfügbar sind, werden einheitlich dokumentiert und sind so für alle Mitarbeiter (und auch jeweilige Externe) nachschlag- und einsehbar.

Prozesstransparenz ermöglicht eine bessere **Steuerbarkeit** der jeweiligen Aktivitäten, auch indem das Verständnis über die Abläufe beim Management gefördert wird. Die Implementierung entsprechender Instrumente zur Steuerung wird vereinfacht.

Beispiel

Umfangreiche Optimierungen aufgrund von Prozesstransparenz

Das Incident Management eines Unternehmens bindet mehrere IT-Dienstleister ein, welche selbst wiederum über ein eigenes Incident Management verfügen. Die Unzufriedenheit der Mitarbeiter bezüglich der Bearbeitung von Störungen nimmt bereits seit mehreren Monaten zu, insbesondere da Ticketwege intransparent erscheinen und sich die unternehmenseigene IT sowie die IT-Dienstleister ständig gegenseitig die Verantwortung zuweisen. Nicht selten werden Tickets mehrfach zwischen Unternehmens-IT und den externen Dienstleistern erneut zugewiesen, bevor die eigentliche Lösungsfindung beginnt.

Aus Sicht des IT-Supports sind die Abläufe und Reibungsverluste an der Schnittstelle zu den IT-Dienstleistern „vollkommen normal", dennoch wird der Wirtschaftsprüfer von der Geschäftsleitung beratend hinzugezogen.

Schnell wird identifiziert, dass die unterschiedlichen Incident Management Prozesse nicht abgestimmt sind und nicht ineinandergreifen. Die grafische Darstellung eines neuen, zwischen allen Beteiligten abgestimmten Masterprozesses führt nicht nur zu Transparenz, sondern deckt zudem weitere Optimierungspotenziale auf. Bisher implementierte, jedoch unnötige Freigabeschleifen vor der Weiterleitung von Incidents an die externen IT-Dienstleister entfallen; die deutlich beschleunigte Bearbeitungsgeschwindigkeit erhöht auch nachhaltig die Zufriedenheit der Mitarbeiter.

Im Nachgang konnte zudem eine organisatorische Trennung innerhalb der IT-Support-Abteilung vollzogen werden. Spezialisierte Teams konzentrieren sich fortan auf einzelne IT-Dienstleister und können meist Störungen unmittelbar intern lösen, ohne die Bearbeitung an die externen Dienstleister weiterzugeben.

Durch eine transparente Darstellung von Prozessen (im Idealfall auch in grafischer Form) können **Standardisierungs- und Optimierungspotentiale** identifiziert werden, welche es ermöglichen, die Prozesse im Unternehmen effektiv und effizient weiterzuentwickeln.

Weiterhin dient die transparente Darstellung der IT-Prozesse dazu, logische und zeitliche Prozessabläufe nachzuvollziehen und so Medienbrüche und Schwachstellen in Prozessen transparent zu machen. Das Aufarbeiten identifizierter Prozessverbesserungen kann auch Anlass zur **Reorganisation der IT** sein.

i

Hinweis:
BPMN-Tools zur professionellen Darstellung der IT-Prozesslandkarte eines Unternehmens

Der Einsatz von BPMN-Tools bietet zahlreiche Vorteile:

- „Single Point of Truth“ für alle Prozessinformationen anstatt redundanter Dokumentation
- Prozesstransparenz auf Knopfdruck mit stets aktuellen, prozess- und organisationsbezogenen Informationen über die IT-Prozesse (inkl. Verantwortlichkeiten, in Prozesse eingebauter Kontrollen, relevanter IT-Systeme etc.)
- Klare Verknüpfung zu gesetzlichen und regulatorischen Anforderungen
- Automatisierte grafische Darstellung von Prozessabläufen inkl. Möglichkeit des Zoom-in in Prozessdetails (manueller Aufwand für die grafische Darstellung in bspw. Grafiksoftware oder Präsentationsprogrammen entfällt)
- Ermöglichung der Standardisierung über alle IT-Prozesse hinweg (sowohl Darstellung als auch fachliche Designprinzipien)

- Oftmals intuitive, leichte Bedienbarkeit der BPMN-Tools und dadurch Steigerung der Transparenz und Bereitschaft der Mitarbeiter zur Einarbeitung in bzw. Dokumentation von IT-Prozessen
- Möglichkeit zu personalisierten Ansichten, was für den einzelnen Anwender zu mehr Transparenz führt (bspw. unterschiedlicher Detaillierungsgrad)
- Vereinfachung von spezifischen Suchen im Prozess (bspw. Verantwortlichkeiten) und Minimierung der Suchzeiten (Effizienzsteigerung)
- Darstellung von Abhängigkeiten zwischen Prozessen
- Schnittstellen zu anderen Tools ermöglichen Export von Prozessabläufen (bspw. Workflowtools)
- Einbindung aller Mitarbeiterhierarchiestufen durch (oftmals webbasierte) Darstellungs-, Editier- und Modellierungsfunktionen (bspw. Autolayouter) und ohne Programmierungs-Know-how
- Umfangreiche Möglichkeiten bezüglich Zugriffs- und Änderungssteuerung
- Lückenlose Nachvollziehbarkeit von Versionierung und Änderungshistorie
- Zusätzliche Dokumentationsmöglichkeiten durch Automatisierung der Ausgabedokumente (Berichte, Prozessübersichten, Verantwortlichkeiten, Schnittstellen und Abhängigkeiten)
- Leichte Extrahierbarkeit von Prozessdarstellungen für Anfragen Dritter (bspw. IT-Dienstleister und Wirtschaftsprüfer)

Manche Softwareanbieter verbinden zudem die Anwendungen BPMN-Prozessdokumentation und Dokumentenmanagementsystem (DMS) miteinander, was auch für andere Dokumentationsformen sinnvoll sein kann.

Praxistipp:
Die hohe Transparenz in Bezug auf IT-Prozesse durch angemessene Dokumentation unterstützt auch die Arbeiten des Wirtschaftsprüfers, bspw. während einer Abschlussprüfung. Er kann Abläufe und Verantwortlichkeiten leichter verstehen, Kontrollen besser nachvollziehen und Outputs von Prozessen besser analysieren.

3.5.5 Verbesserung der Informations-/IT-Sicherheit und IT-Forensik

Die IT-Dokumentation trägt nicht nur als Vorgabedokumentation in Form von IT-Sicherheitskonzepten und Arbeitsanweisungen, sondern auch als Nachweisdokumentation zur Informations-/IT-Sicherheit und IT-Forensik im Unternehmen wesentlich bei.

Als Vorgabedokument kann IT-Dokumentation wesentlich dazu beitragen, Informations-/IT-Sicherheit im Unternehmen zu konzipieren, entsprechende Regelungen für alle Stakeholder (intern wie extern) aufzustellen und so auf die Vermeidung von Sicherheitsvorfällen einzuwirken. Dokumentierte IT-Sicherheitsschulungen unterstützen zusätzlich die Awareness der Mitarbeiter.

i

Hinweis:
Exkurs: Mögliche Themen einer IT-Sicherheitsschulung

- Aktuelle gesetzliche und regulatorische Anforderungen
- Praxisbeispiele aus aktuellen Sicherheitsvorfällen zur Sensibilisierung der Mitarbeiter
- Ggf. auch Simulation von Angriffsmöglichkeiten
- Mögliche Sicherheitslücken und Präventivmaßnahmen (bspw. Umgang mit mobilen Endgeräten)
- Verhalten und Ansprechpartner bei Sicherheitsvorfällen
- Fokus auf dem „Faktor Mensch" als Haupteinfallstor für Sicherheitsvorfälle

Wichtig ist, dass die Schulung durch alle Mitarbeiter/Hierarchieebenen des Unternehmens besucht wird und der Besuch dieser Schulung auch dokumentiert wird.

Im Falle eines akuten Sicherheitsvorfalls kann man sich anhand vorhandener IT-Dokumentation einen schnellen Überblick über die Betroffenheit der IT machen (bspw. darüber, welche Systeme wie beeinflusst sind und welche Prozesse daran hängen) und ein priorisiertes Vorgehen für die Abarbeitung des Vorfalls festlegen. Gute Notfalldokumentation/ Wiederanlaufpläne/Cyber-Response-Pläne ermöglichen ein schnelles Einleiten geeigneter Maßnahmen. So liefert die bereits im Vorfeld erstellte Dokumentation signifikante Vorteile für den Ernstfall.

Beispiel

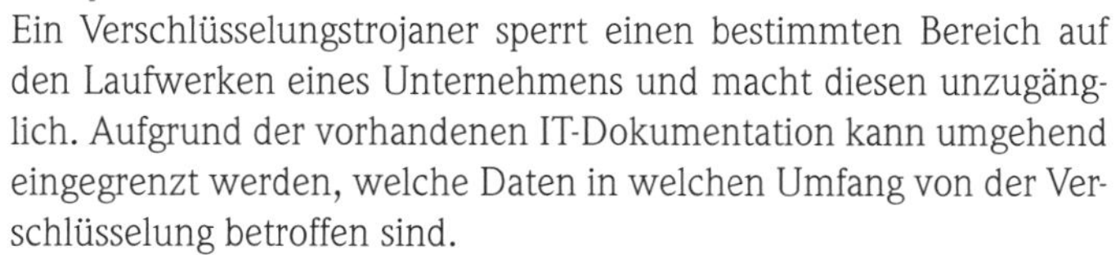

Ein Verschlüsselungstrojaner sperrt einen bestimmten Bereich auf den Laufwerken eines Unternehmens und macht diesen unzugänglich. Aufgrund der vorhandenen IT-Dokumentation kann umgehend eingegrenzt werden, welche Daten in welchen Umfang von der Verschlüsselung betroffen sind.

Gleichzeitig dienen die im Rahmen bisheriger Sicherungen automatisch erstellten Protokolle dazu, festzustellen, welche Daten zu welchem Sicherungszeitpunkt wiederhergestellt werden können (mittels Backup-Protokollierung). Zudem kann anhand von technischen Protokollen festgestellt werden, durch welche Schwachstelle das Unternehmen angegriffen wurde. Der durch den Verschlüsselungstrojaner betroffene Bereich kann im Anschluss gehärtet und die Schwachstelle geschlossen werden.

Meist unterstützt vorhandene IT-Dokumentation auch wesentlich dabei, dass Vorfälle in der IT analysiert bzw. aufgearbeitet werden können (IT-Forensik). Automatische Protokollierung ermöglicht das Aufzeigen von Änderungen oder ggf. Manipulationen im IT-Umfeld. Bei Erkennen der Sicherheitslücken können dann anhand der Dokumentation unmittelbar Aktivitäten initiiert werden (bspw. Nachvollzug, wo schwache/angreifbare Komponenten im Einsatz sind).

Beispiel

Der ehemalige Finanzleiter eines Unternehmens hat nach wiederkehrenden Meinungsverschiedenheiten mit der Geschäftsführung Buchungsdaten vorsätzlich gelöscht, kurz bevor er das Unternehmen verlassen hat. Durch die aktivierte automatische Änderungsdokumentation konnte herausgefunden werden, durch wen was genau am Buchungsstoff gemacht wurde. Die Manipulation konnte mit dieser Information schnell wieder rückgängig gemacht werden. Die Schwachstelle (Möglichkeit der Manipulation durch austretende Mitarbeiter) wurde durch eine neue IT-Kontrolle geschlossen.

Praxistipp:
Falls sich ein Mandant kritisch zeigt, inwiefern IT-Dokumentation tatsächlich zur Verbesserung der IT-Sicherheit und IT-Forensik beitragen kann, und davon überzeugt ist, dass Dokumentation nur unnötigen Mehraufwand darstellt, können die folgenden Fragen gestellt werden, um ihre Bedeutung zu veranschaulichen:

- Welche Daten werden gerade durch welche Systeme verarbeitet? Wer hat darauf Zugriff?
- Wie erfährt das Management von Virenbefall, Manipulation oder Diebstahl von bestimmten Komponenten (Hardware/Software/Dienste) bzw. Daten? Was genau ist betroffen? Wie schnell kann die Schwachstelle gefunden werden und was ist dazu notwendig?
- Wie ist das Vorgehen bei Ausfall eines Servers oder Gebäudeteils bzw. einem Hackerangriff etc.?
- Eine Schwachstelle (bspw. „Zero Day Exploit“) wird öffentlich. Wie zeitnah kann die Auswirkung auf IT-Systeme und davon betroffene Prozesse identifiziert werden?
- Wie viele Lessons Learned wurden die letzten Monate an die Mitarbeiter weitergegeben?
- Kann einem Dritten (bspw. dem Wirtschaftsprüfer) anhand von Dokumentation nachgewiesen werden, was genau passiert ist und wie darauf reagiert wurde?

Leider ist es in der Praxis nicht immer leicht zu vermitteln, welchen Beitrag IT-Dokumentation zur Informations-/IT-Sicherheit und IT-Forensik liefern kann – so lange, bis ein Sicherheitsvorfall eingetreten ist. Der Wirtschaftsprüfer sollte hierzu sensibilisieren.

3.5.6 Langfristige Ressourcenersparnis durch effektive IT-Dokumentation

Ein durch Verzicht auf die Erstellung von IT-Dokumentation „eingesparter“ Ressourceneinsatz wird üblicherweise später gleich mehrfach anfallen.

Mit IT-Dokumentation verbindet man häufig unnötigen Ressourceneinsatz (Zeit, Geld, Mitarbeiterkapazitäten). Selten dagegen wird ein Potenzial zur Ressourceneinsparung mit IT-Dokumentation verbunden. Oftmals sind potenzielle Einsparungen jedoch erst zeitversetzt und nicht unmittelbar bei der Erstellung der IT-Dokumentation realisierbar.

Ein systematisches Nichterstellen von IT-Dokumentation kann nicht nur mit Gesetzen und Regulatorik konfligieren, sondern in letzter Instanz auch zu Strafen führen.

Gesetze und Regularien drohen zum Teil mit Geldbußen (inkl. Haftungstatbeständen), wenn bestimmte Dokumentationen nicht oder ungenügend vorliegen (vergleiche nachstehendes Beispiel). Die ordnungsgemäße Erstellung und kontinuierliche Aktualisierung von IT-Dokumentation können dies verhindern.

Beispiel

Beispiele für Geldstrafen bei Nichteinhaltung von IT-Dokumentationspflichten:

Dokumentationspflichten nach DS-GVO:

Bußgelder bei fehlender Dokumentation zu u. a. Verarbeitungsverzeichnis, technischen und organisatorischen Maßnahmen, Datenpannen, Datenschutz-Folgeabschätzung und Risikoabschätzungen, Datenschutzrichtlinie, Vertragsmanagement/Auftragsverarbeitung, Löschkonzepte, vgl. Art. 83 Abs. 4 und Abs. 5 DS-GVO.

Verstoß gegen die GoBD:

Verstöße gegen einzelne GoBD-Regelungen führen meist noch nicht zu Konsequenzen, wenn keine materiellen Mängel bzw. weitere Fehler festgestellt werden (vgl. Rz. 155 der GoBD). Erhebliche Verstöße dagegen können zur Anzweiflung der Ordnungsmäßigkeit der Buchführung bis hin zu rechtlichen Maßnahmen führen. Eine nicht vorhandene IT-Dokumentation kann im Falle materieller Verstöße für prüfende Einheiten ein weiteres Indiz für die nicht ordnungsgemäße Buchführung eines Unternehmens sein.

Auch bei Nutzung einer gewerblichen Kasse ist IT-Dokumentation, wie bspw. Verfahrensdokumentationen, Kassenaufzeichnungen, Systemdokumentationen zu Zugriffen und Änderungen notwendig. Bei Verstoß gegen die GoBD können Bußgelder von bis zu 25.000

Euro[64] auferlegt werden. Bei erheblichem Zweifel an der Korrektheit der Kassenführung drohen Steuernachzahlungen durch Hinzurechnung von Umsätzen. Falls hier auch noch Vorsatz hinzukommt, können rechtliche Verfolgungen nicht ausgeschlossen werden.

Aber auch **bei operativen Störungen, Problemen und Ausfällen** von IT, kann IT-Dokumentation Ressourcen einsparen (vgl. weitere Details in Kapitel 3.5.9).

Beispiel

Im Jahr 2013 gingen Mittelständler im Durchschnitt von ca. 25.000 Euro[65] Kosten pro Ausfall-Stunde aus. Wenn ein Ausfall ca. vier Stunden dauert, liegen die Kosten bei 100.000 Euro. Statistisch gesehen wiederholt sich ein Ausfall bis zu viermal im Jahr, was Kosten von ca. 400.000 Euro entspricht.

Eine angemessene IT-Dokumentation kann diese Kosten signifikant reduzieren oder sogar vermeiden. Beispielsweise durch die Auflistung aller genutzten Soft- und Hardware, Beschreibung der Anbindungen an das Unternehmensnetzwerk, Beschreibung sicherheitsrelevanter Einstellungen bzw. Update-Status aller im Unternehmensnetz befindlichen Geräte etc. ist es dem IT-Administrator möglich, einen schnellen Überblick über den Status aller Geräte zu erhalten und ggf. Abweichungen frühzeitig zu erkennen. Dashboards von Überwachungssystemen können dazu ebenfalls dienlich sein.

Auch können Vorgabedokumente unterstützend wirken. Durch klare Regelungsschritte im Notfall oder bspw. beim Neustart/Wiederanlauf von bestimmter Hardware und Software können wichtige Minuten gewonnen werden, welche Ausfallkosten verringern[66].

64 Vgl. Haufe (2019).
65 Vgl. Pütter (2013), Schindler (2013).
66 Cyberdyne (2016).

Gute IT-Dokumentation **verringert ebenso die Einarbeitungszeit neuer Mitarbeiter und reduziert Aufwände des bestehenden Personals** für die Ausbildung neuer Kräfte. Handbücher und Arbeitsanweisungen können für neue Mitarbeiter hervorragende Quellen sein, um sich in die IT-Abläufe einzuarbeiten.

In einem Unternehmen, in dem IT-Dokumentation nicht nachgehalten wird oder kein Wert darauf gelegt wird, kann es auch zu vermehrter Fluktuation kommen, weil sich die Mitarbeiter nicht ausreichend unterstützt fühlen und Frustration durch instabile/intransparente Dokumentation entsteht.

Im Falle von internen oder externen Prüfungen (bspw. interne Revision, Datenschutzbeauftragter, Qualitätsmanagement, Abschlussprüfer oder Zertifizierungsstelle) kann eine gut vorbereitete IT-Dokumentation stets einen **wesentlichen Beitrag zu einem besseren Prüfungsergebnis** liefern oder zur erfolgreichen Zertifizierung beitragen. Auch werden weniger Mitarbeiter für eine solche Prüfung gebunden, vor allem da Aufwände, die ad-hoc für diese Prüfung entstehen, deutlich reduziert werden können.

Eine leicht navigierbare, toolbasierte Darstellung von IT-Dokumentation (bspw. in Wikis) ermöglicht auch externen prüfenden Einheiten einen besonders einfachen Einstieg in die zu prüfenden Sachverhalte (**Abb. 3.3**).

Benutzerberechtigungs management

- Allgemeine Themen
  - Einführung
  - Rechtevergabe
  - Rechteänderung
  - Rechtelöschung
  - Rollen/Profile
  - User Review
  - Anleitung Berechtigungstool
  - Funktionstrennung
  - Passwortrichtlinie
  - Ansprechpartner
- Anwendungsspezifische Berechtigungskonzepte
- Berechtigungstool
- Durchführung User Review
- Schulungsunterlagen

Einführung Benutzerberechtigungsmanagement
Datum: 30.06.2020 / Autor: H. Müller / Status: aktiv

Jeder Mitarbeiter darf grundsätzlich **nur die Berechtigungen besitzen, die er zum Ausführen seiner Tätigkeiten benötigt** (Prinzip der minimalen Rechtevergabe/Need-to-Know). Um dies umzusetzen ist mindestens ein organisatorisches Verfahren für die Vergabe, die Änderung und den Entzug von Berechtigungen sowohl auf Ebene des Betriebssystems- als auch auf Anwendungsebene einzuführen.

In der Praxis existiert häufig aufgrund eines fehlenden übergreifenden Rollen- und Berechtigungskonzepts keine explizite schriftliche Regelung darüber, welche Berechtigungen, wie erteilt, geändert und entzogen werden. **Oft besteht die Problematik, dass Berechtigungen** – im Gegensatz zu den eigentlichen Kompetenzen des Mitarbeiters – **zu weitreichend vergeben** und die Einhaltung von Vorgaben nicht nachhaltig geprüft werden.

Bei der Vergabe von Berechtigungen sollten in Abhängigkeit von der Stellung und Kompetenz des Mitarbeiters die Berechtigungen eingerichtet werden. Die **Vergabe sollte entsprechend dokumentiert werden**.

Abb. 3.3: Beispielhafte Darstellung einer Berechtigungsdokumentation in einem Wiki

In Kapitel 3.5.4 wird auf den Vorteil der IT-Dokumentation für die Weiterentwicklung und Verbesserung der IT durch Transparenz über Prozesse eingegangen. Auch dies zahlt auf die langfristige Ressourcenersparnis ein. IT-Dokumentation ermöglicht gelenkte Verbesserungsprozesse (bspw. bei Folgen eines KVP-Prozesses). Insbesondere BPMN-Modellierungen sind hierfür besonders gut geeignet.

Praxistipp:
In der IT-Budgetplanung sollte unbedingt berücksichtigt werden, dass fehlende bzw. schlechte IT-Dokumentation später in deutlichen Mehraufwänden resultieren kann. Aufwände für die Erstellung/Aktualisierung der IT-Dokumentation dürfen nicht einfach gestrichen werden, ohne mittel-/langfristige Mehrkosten zu berücksichtigen.

3.5.7 Steuerung/Kontrolle der Mitarbeiteraktivitäten und Förderung der Motivation/Eigeninitiative

IT-Dokumentation unterstützt auf der einen Seite die **Steuerung/ Kontrolle** von Mitarbeiteraktivitäten. Vorgabedokumente geben dem Mitarbeiter Anweisungen/Leitlinien für dessen Tätigkeiten und Nachweisdokumente dokumentieren, welche Transaktionen/Tätigkeiten ein Mitarbeiter durchgeführt hat. Letzteres zeigt zudem, inwieweit sich

Mitarbeiter an die Vorgaben der Dokumentation halten oder ggf. eine Nichteinhaltung der Vorgaben vorliegt. Dies gilt auch für Externe, die im Unternehmen tätig sind.

Auf der anderen Seite dient IT-Dokumentation auch dazu, die **Motivation/Eigeninitiative** der Mitarbeiter zu fördern, bspw. indem ein selbstständiges Einarbeiten in Sachverhalte das Potenzial der Mitarbeiter ausschöpft. Die IT-Dokumentation enthält fundierte Basisinformationen, auf die sich der Mitarbeiter in seiner täglichen Arbeit stützen kann. Gute IT-Dokumentation, die zudem in einem intuitiv/leicht zu bearbeitenden Format (bspw. in Wikis) vorliegt, kann im Unternehmen beim Mitarbeiter Motivation und mehr Initiative fördern, sich mit den Themen zu befassen.

Beispiel

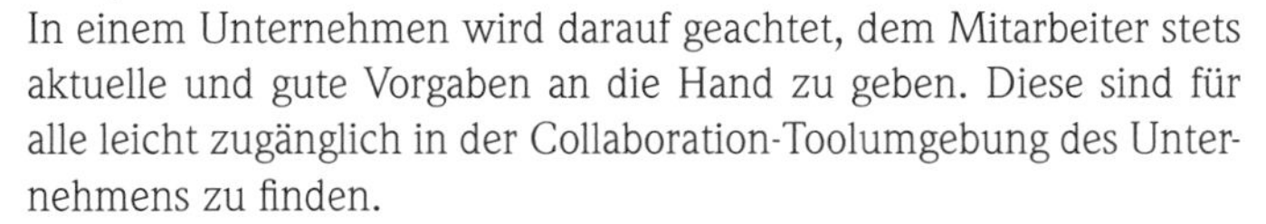

In einem Unternehmen wird darauf geachtet, dem Mitarbeiter stets aktuelle und gute Vorgaben an die Hand zu geben. Diese sind für alle leicht zugänglich in der Collaboration-Toolumgebung des Unternehmens zu finden.

Es gibt die Anforderung im Unternehmen, jedes halbe Jahr einen Notfalltest in der Firmenzentrale durchzuführen, um sicherzustellen, dass die IT-Systeme und Daten im Falle eines Ausfalls vollständig und innerhalb vordefinierter Wiederherstellungszeiten hergestellt werden können. Aufgrund der guten und leicht nachvollziehbaren Dokumentation möchten die Mitarbeiter stets gerne die Notfalltests unterstützen. Im letzten Jahr gab es so die Initiative mehrerer Mitarbeiter, den Notfalltest auch auf weitere Standorte des Unternehmens auszuweiten, um auch hier im Notfall handlungsfähig zu sein. Entsprechende Dokumentation konnte auf Basis der zentral vorhandenen Dokumentation wiederverwendet werden und auch dort eine hohe Akzeptanz genießen.

Dieses Beispiel zeigt, dass auch IT-Dokumentation (in guter, nachvollziehbarer Form) dazu anregen kann, dass Mitarbeiter motiviert werden sowie Eigeninitiative zeigen und im Sinne der Vorgaben angemessenes Verhalten gefördert wird[67].

Dokumentation bietet dabei in einem gewissen Maß den Mitarbeitern auch Sicherheit, sich richtig, den Unternehmensvorgaben entsprechend zu verhalten.

Praxistipp:
Leicht bedienbare und intuitive Formate (bspw. Wikis) haben sich in der Praxis bewährt. Gute IT-Dokumentation wird zudem von Mitarbeitern deutlich lieber gelesen und umgesetzt.

3.5.8 Unterstützung und Vereinfachung der täglichen Arbeit innerhalb der IT und mit anderen Abteilungen

Besonders die operativen IT-Mitarbeiter können in ihrer täglichen Arbeit von einer angemessenen IT-Dokumentation deutlich profitieren.

IT-Dokumentation dient dazu, detaillierte Informationen über den operativen IT-Betrieb nachzuschlagen, Aktivitäten angemessen und gemäß den Vorgaben auszuführen, Störungen/Probleme/Ausfälle zu lösen oder auch größere Anforderungen an IT-Systeme umzusetzen (bspw. in Projekten). Die Mitarbeiter können sich so auf bestimmte Prozessbeschreibungen, Parametrisierungen (Customizing) oder sonstige Vorgaben (bspw. interne Entwicklerrichtlinien) beziehen und kennen ihre genauen Aufgaben, Verantwortlichkeiten und Pflichten.

Dies führt nachhaltig zu vereinfachten Abläufen, intrinsischer Sicherheit für die Mitarbeiter und in letzter Instanz auch zu mehr Mitarbeiterzufriedenheit.

[67] Beliebt sind immer wieder Anwendungen, die den Mitarbeiter leicht durch den Workflow führen und mit einfachen Fragen bestimmte Tätigkeiten vom Mitarbeiter fordern. Es handelt sich hierbei um eine Art der „Gamification" der Dokumentation.

Beispiel
Die Entwicklerrichtlinie eines Unternehmens macht klare Vorgaben an die eigenen und externen Entwickler. Einheitliche Prinzipien bzgl. Design und Ausgestaltung der Eigenentwicklungen tragen dazu bei, die Zusammenarbeit zwischen internen und externen Mitarbeitern an gemeinsamen Entwicklungen deutlich zu vereinfachen und die Zusammenarbeit nachhaltig zu verbessern.

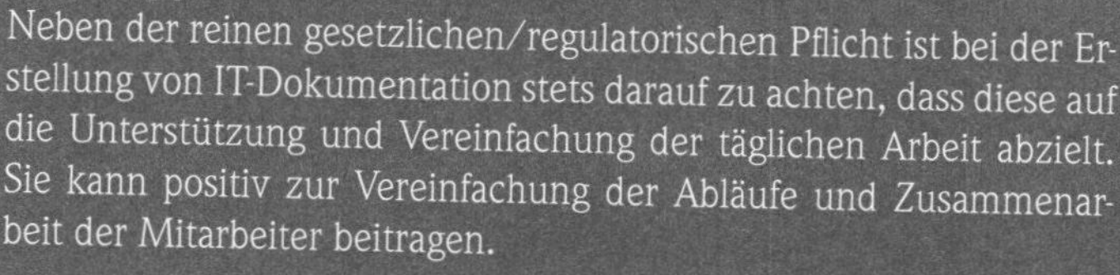

Praxistipp:
Neben der reinen gesetzlichen/regulatorischen Pflicht ist bei der Erstellung von IT-Dokumentation stets darauf zu achten, dass diese auf die Unterstützung und Vereinfachung der täglichen Arbeit abzielt. Sie kann positiv zur Vereinfachung der Abläufe und Zusammenarbeit der Mitarbeiter beitragen.

3.5.9 Effiziente Bearbeitung von Störungen, Problemen und Ausfällen

Im Falle einer Störung, eines Problems oder Ausfalls kann auf technische Dokumentation der IT-Systeme zugegriffen werden (bspw. Protokolle, Systemeinstellungen), um herauszufinden, wie es zu diesem Vorfall gekommen ist. Zudem ermöglicht eine angemessene Dokumentation auch einen schnelleren Wiederanlauf (Business Continuity Management), da einzelne Schritte in Notfallhandbüchern und Wiederanlaufplänen dargestellt sind.

Bei wiederkehrenden Störungen kann es sinnvoll sein, IT-Dokumentation in Form von Nachschlagewerken/Known-Error-Dokumentationen zu erstellen, um bei erneutem Auftreten dieser Störung handlungsfähig zu sein.

Hinweis:
Es wird empfohlen, für Störungen/Probleme/Ausfälle Dokumentationen so leicht nutzbar wie nur möglich zu gestalten, damit die IT-Mitarbeiter möglichst schnell und unkompliziert im Ernstfall auf die nötigen Informationen zugreifen können. Screenshots aus den Anwendungen sind zu empfehlen.

IT-Dokumentation in Form von Nachweisdokumenten in Ticketsystemen, Performance-Dashboards oder Protokollierungssoftware unterstützt zudem das effektive Nachhalten von Störungen, Problemen und Ausfällen.

Beispiel

Gute Dokumentation in Ticketsystemen trägt zur nachhaltigen Fehlerbehebung bei

In einem Ticketsystem häufen sich Meldungen der Mitarbeiter, dass ein automatischer Freigabeworkflow abbricht und die Mitarbeiter per Workaround manuell freigeben müssen. Anhand der Tickets kann nachvollzogen werden, wann die Störung erstmals aufgetreten ist. In Kombination mit Dokumentation der durchgeführten Konfigurationsänderungen des zugehörigen Systems kann zeitnah nachvollzogen werden, wodurch der Fehler ausgelöst wurde und dieser nachhaltig behoben wurde.

Je vollständiger und transparenter die IT-Dokumentation vorliegt, desto effektiver kann sie von IT-Mitarbeitern zur Behebung von Störungen, Problemen und Ausfällen herangezogen werden.

Beispiel

Customizing-/Konfigurationsdokumentation

In der Customizing-/Konfigurationsdokumentation sind die Parameter der Installation/Einrichtung von IT-Systemen beschrieben, tabellarisch und/oder als Screenshots. Die letzten Änderungen der Einstellungen (inkl. Datum, Autor und Änderungsbeschreibung) werden nachvollziehbar dokumentiert.

Bei Störungen oder Ausfällen kann anhand der Dokumentation schnell nachvollzogen werden, ob die richtige Konfiguration der Systeme gemäß eigenen Vorgaben vorliegt. Darüber hinaus können Umfang und Zeitpunkt der letzten Änderungen nachvollzogen werden, die ggf. erst zu den Problemen geführt haben. Im Ernstfall können diese Informationen dabei helfen, die Wiederherstellungszeit bis zum Normalbetrieb deutlich zu verringern.

Praxistipp:
Neben Erfahrung der Mitarbeiter sind zur Bearbeitung von Störungen, Problemen und Ausfällen insbesondere die in der IT-Dokumentation hinterlegten Informationen von größter Bedeutung. Nur wenn der IT-Dokumentation auch entsprechende Bedeutung beigemessen wird und diese in Art/Umfang angemessen vorgehalten wird, kann sie adäquat zur Lösungsfindung herangezogen werden.

3.5.10 Verbesserung des IT-Servicemanagements

IT-Servicemanagement (ITSM) umfasst die Bereitstellung, Verwaltung und Verbesserung der Informationstechnologie (IT) innerhalb eines Unternehmens. Das ITIL Framework[68] stellt einen bekannten und in diesem Umfeld weit am Markt verbreiteten Standard dar.

Die **Abb. 3.4** stellt die „Management Practices" nach ITIL dar, inkl. der Practices zum IT-Servicemanagement.

[68] Framework und De-facto-Standard für das IT-Servicemanagement (Herausgeber: AXELOS).

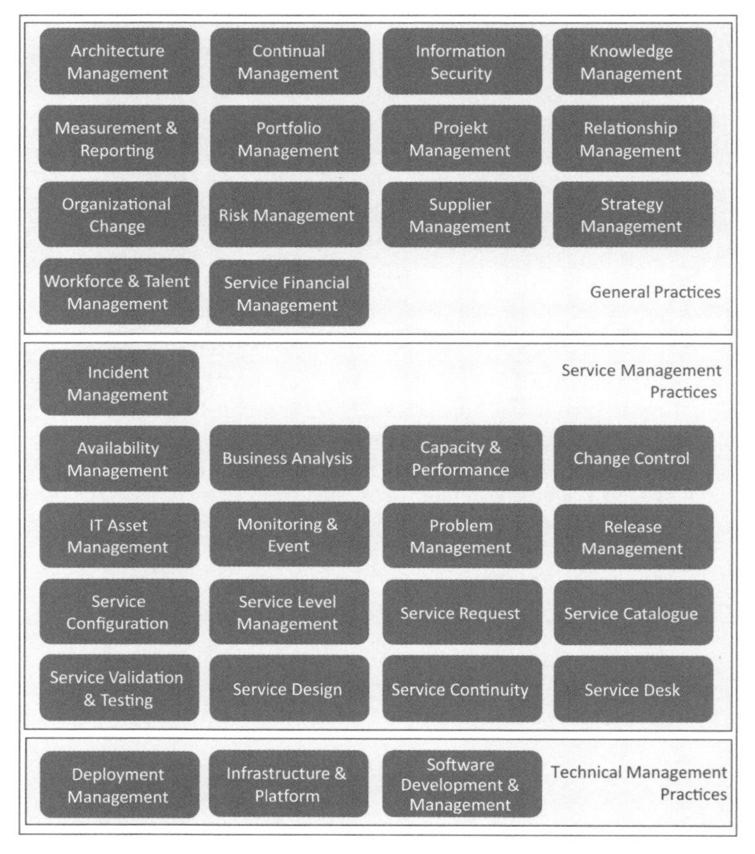

Abb. 3.4: Übersicht der 34 „Management Practices" nach ITIL 4

Die systematische Befassung mit diesen „Practices" bzw. die spezifische Ausarbeitung der zugehörigen IT-Dokumentationsvorgaben für ein Unternehmen tragen dazu bei, ein angemessenes IT-Servicemanagement zu etablieren und zu betreiben. Klare Vorgaben zu diesen Themen helfen allen Mitarbeitern (Fachbereich und IT), die vorgegebenen Abläufe in der Praxis ordnungsgemäß vorzunehmen. Nachweisdokumentation wiederum dokumentiert Ergebnisse, Vorfälle, Entscheidungen und die Durchführung von Maßnahmen, um sowohl innerhalb des Unternehmens als auch gegenüber Externen (bspw. Wirtschaftsprüfern) die Nachweispflicht zur ordnungsgemäßen Einhaltung der Vorgaben zu erbringen.

Praxistipp:
Mitunter verfügen Unternehmen über ein sehr unstrukturiertes/uneinheitliches IT-Servicemanagement (insbesondere beim Einsatz mehrere IT-Dienstleister) und keine diesbezüglich untereinander abgestimmten Prozesse. Es wird empfohlen, dies durch einheitliche/zentrale Vorgaben zum IT-Servicemanagement zu heilen.

Es liegt nahe, sich am gängigen Branchenstandard ITIL zu orientieren. Dies vereinfacht bspw. auch die Kooperation mit externen IT-Dienstleistern.

3.5.11 Erleichterung von Change-Vorhaben

Für sämtliche IT-Änderungsvorhaben eines Unternehmens (bspw. Einführung neuer IT-Systeme) kann die vorhandene IT-Dokumentation eine hervorragende Ausgangslage darstellen (Ist-Zustand). Die Analyse der IT-Dokumentation kann entsprechenden Handlungsbedarf ableiten.

In Unternehmen, die über keine aktuelle und vollständige IT-Dokumentation verfügen, ist zur Erhebung des Ist-Zustands meist eine umfangreiche zusätzliche Vorarbeit notwendig, die nicht nur Ressourcen kostet, sondern auch viel zusätzliche Projektlaufzeit einfordern kann.

Anhand der IT-Dokumentation können auch die für den Erfolg eines IT-Änderungsvorhabens unglaublich wichtigen Abhängigkeiten zwischen IT-Prozessen, IT-Systemen, Datenflüssen, Schnittstellen etc. identifiziert und in der Umsetzung berücksichtigt werden.

Praxistipp:
Die Aktualisierung der IT-Dokumentation sollte wiederum selbst zwingend Bestandteil eines IT-Änderungsvorhabens sein. Dies kann entweder in den einzelnen Themensträngen/Teilprojekten erfolgen oder es wird hierfür ein eigener Themenstrang/ ein eigenes Teilprojekt innerhalb des IT-Vorhabens definiert.

3.5.12 Verbesserung IT-Dienstleistermanagement

IT-Dokumentation dient in der Dienstleistungsbeziehung als zentrales Steuerungs- und Überwachungsinstrument.

Bei der Anforderungsstellung an den Dienstleister und bei der Steuerung und Überwachung der bezogenen IT-Dienstleistungen ist das Vorhandensein von angemessener IT-Dokumentation absolut sinnvoll. Dies wird insbesondere im Lebenszyklus der Auslagerungsbeziehung deutlich.

Bevor ein Dienstleistungsverhältnis mit einem anderen Unternehmen eingegangen wird, dient die IT-Dokumentation dazu, Anforderungen, die an den Dienstleister gestellt werden, klar zu definieren. Durch vorhandene Richtlinien (bspw. IT-Security-Richtlinie), Arbeitsanweisungen, Prozesse, aber auch durch vorhandene technische Dokumentationen des Unternehmens (bspw. Protokolle, Reports, Störungsmeldungen) können Aufgaben, Pflichten und Verantwortlichkeiten von zukünftigen Dienstleistern definiert werden. Eine interne Inventarisierung über die damit verbundenen Assets verschafft die nötige Transparenz. Auf dieser Grundlage können angemessene Verträge mit dem Dienstleister erstellt werden.

Beispiel
Ein Unternehmen möchte die IT-Unterstützung (inkl. Betrieb) für einen ihrer Geschäftsprozesse auslagern. Der externe IT-Dienstleister bietet ein intuitives und workflowbasiertes CRM-System inkl. kostengünstigem IT-Betrieb an.

Die bereits im Vorfeld erstellte und regelmäßig aktualisierte IT-Dokumentation ermöglicht nicht nur einen reibungslosen Angebotsprozess, sondern auch eine weitestgehend problemlose und schnelle Anforderungsdefinition und anschließendes Customizing der Systeme durch den Dienstleister.

Hinweis:
Es sollte stets darauf geachtet werden, dass angemessene Dienstleistungsverträge ausgehandelt werden, die auch die Erstellung und Weiterentwicklung von IT-Dokumentation vertraglich sicherstellen.

Während der aktiven Dienstleistungsbeziehung dient IT-Dokumentation dazu, den Dienstleister angemessen zu steuern. Detaillierte Vorgaben zur Ausgestaltung der Aktivitäten der jeweiligen IT-Dienstleistungen gehen aus der erstellten Vorgabedokumentation hervor (bspw. Wartungs- und Supportverträge, SLAs etc.). Nachweisdokumentation zu Störungen, Jobabläufen, vorgenommenen Änderungen etc. belegt die ordnungsgemäße Durchführung der übertragenen Tätigkeiten oder auch Fehlhandlungen der Dienstleister. Hierdurch kann auch die Einhaltung vertraglich definierter Service-Levels nachgehalten werden.

Beispiel

Vertraglich wurde festgelegt, dass der Dienstleister wöchentlich einen Report über die offenen, in Bearbeitung befindlichen und geschlossenen Störungen (Incidents) an das beauftragende Unternehmen übergibt. Bei der Durchsicht dieser Reports wird ersichtlich, dass die Abarbeitung der Incidents durch den Dienstleister nicht immer in vorgegebener Weise gemäß dem vom Unternehmen vorgegebenen IT-Security-Konzept erfolgt und Anpassungen am Vorgehen des Dienstleisters vorgenommen werden müssen.

Bei Beendigung von Dienstleistungsverhältnissen dient IT-Dokumentation dazu, die Tätigkeiten einfacher auf einen neuen Dienstleister übertragen zu können oder wieder in das Unternehmen zurückzuverlagern (Insourcing/Backsourcing). Auch kann IT-Dokumentation, die durch den Dienstleister während der Dienstleistungsbeziehung erstellt wurde, genutzt werden, die eigene IT-Dokumentation aufzubauen und zu verdichten (u. a. durch das Fach-Know-how des Dienstleisters bei entsprechender vertraglicher Regelung).

Beispiel

Der bisherige IT-Dienstleister eines Unternehmens strukturiert sein Geschäftsmodell um und trennt sich dabei von mehreren Kunden mit zu komplexen technischen Anforderungen bei gleichzeitig zu geringem Vertragsvolumen.

Kurzfristig benötigt das Unternehmen einen neuen IT-Dienstleister. Aufgrund vollständiger und in guter Qualität vorliegender IT-Dokumentation gelingt der Wechsel zu einem neuen IT-Dienstleister und größerer Schaden durch längere Ausfälle kann vermieden werden.

Die IT-Dokumentation dient insgesamt dazu, die IT-Dienstleisterbeziehung zu verbessern und die damit verbundene Dienstleistung nachhaltig zu stärken.

Praxistipp:
Im Dienstleistervertrag sollten Regelungen aufgenommen werden, dass der externe IT-Dienstleister zur Erstellung und Bereitstellung von IT-Dokumentation verpflichtet wird. Im Falle eines Wechsels des Dienstleisters ist die vollständige IT-Dokumentation herauszugeben und der Wechsel entsprechend zu unterstützen.

3.6 Bedeutung der IT-Dokumentation für den Wirtschaftsprüfer

An erster Stelle dient IT-Dokumentation dem Wirtschaftsprüfer zum Einstieg in die zu prüfenden Sachverhalte (bspw. bei der IT-Jahresabschlussprüfung nach IDW PS 330 oder einer Softwarebescheinigung nach IDW PS 880).

Der Wirtschaftsprüfer benötigt die IT-Dokumentation für die IKS-Prüfung, um festzustellen, ob bspw. das Buchhaltungssystem, das Warenwirtschaftssystem sowie vor- und nachgelagerte IT-Systeme angemessen ausgestaltet sind und gemäß den Vorgaben funktionieren. Er kann dadurch beurteilen, ob die IT-gestützte Buchführung/Rechnungslegung in dem zu prüfenden Geschäftsjahr angemessen vorgenommen wurde.

Der Wirtschaftsprüfer ist in der Praxis oft mit dem Problem konfrontiert, dass die IT-Vorgaben und -Abläufe des Unternehmens schwach oder in Teilen gar nicht dokumentiert sind (sowohl Vorgabedokumentation als auch Nachweisdokumentation). Es findet sich wenig/keine Dokumentation zu den IT-gestützten Prozessen, den eingesetzten IT-Systemen und insbesondere kaum ein Nachweis über die Wirksamkeit der vorhandenen IT-gestützten Prozesse. Der Wirtschaftsprüfer kann dann unter Umständen nicht ohne Weiteres beurteilen, ob ein ordnungsgemäßer IT-Betrieb vorliegt, der wiederum signifikante Auswirkungen auf das Zahlenwerk eines Unternehmens haben kann. Fehlende IT-Dokumentation kann zudem auch formale und wesentliche Feststellungen nach sich ziehen.

i

Hinweis:
Ohne angemessene IT-Dokumentation (Vorgabe- und Nachweisdokumentation) kann der Wirtschaftsprüfer in der Regel keinen uneingeschränkten Bestätigungsvermerk mehr erteilen. Die Folge wäre, dass er einen eingeschränkten Bestätigungsvermerk oder gar im Ernstfall einen Versagensvermerk aussprechen muss. Auf jeden Fall wären umfangreiche zusätzliche Prüfungshandlungen notwendig, um sich von der Ordnungsmäßigkeit der rechnungslegungsrelevanten IT-Systeme zu überzeugen.

Auch für den Wirtschaftsprüfer bietet vorhandene IT-Dokumentation bei Prüfungen Vorteile. Angemessen erstellte IT-Dokumentation von Unternehmen kann in Jahresabschluss- oder Sonderprüfungen entsprechend herangezogen werden (bspw. Vorgabedokumente für eine Prozessaufnahme). Nachweisdokumente wiederum können für die Prüfung der Wirksamkeit von IT-gestützten Geschäftsprozessen herangezogen werden. Nachweise, dass IT-gestützte Kontrollen zuverlässig funktionieren, können hohe Prüfungssicherheit generieren und dem Prüfer zusätzlich Zeit sparen (bspw. die Stichprobengröße verringern). So kann auch die Anzahl der Prüfungsfeststellungen hinsichtlich des IT-bezogenen internen Kontrollsystems sinken.

Praxistipp:
Viele Unternehmen stellen sich die Frage, warum überhaupt umfangreiche IT-Dokumentation erstellt und aktuell vorgehalten werden muss. Die Hemmnisse sind, wie in Kapitel 2.2 beschrieben, häufig präsent. Der Wirtschaftsprüfer dient dabei als Vermittler, um die Vorteile einer angemessenen IT-Dokumentation dem Mandanten näherzubringen, da sie ihm in der (Jahresabschluss-)Prüfung, insbesondere der IT-Prüfung, Prüfungshandlungen erleichtern kann und ein gut aufgestelltes Unternehmen zeigt.

Eine Erläuterung des „Warum" muss oftmals an verschiedenen Stellen und Hierarchieebenen des Unternehmens wiederholt platziert und verankert werden. One-Pager zur Sensibilisierung und Dokumentenvorlagen können ein gutes Mittel sein, um das Unternehmen auf neue Anforderungen hinsichtlich der IT-Dokumentation hinzuweisen und somit auch deren Erstellung zu fördern.

Der Wirtschaftsprüfer hat auch ein Eigeninteresse an angemessener IT-Dokumentation, da diese seine Prüfungshandlungen (bspw. Prozessaufnahme, Kontrollnachweise etc.) vereinfachen kann.

3.7 Die drei Schutzziele (Vertraulichkeit, Integrität und Verfügbarkeit) in der IT-Dokumentation

In der IT-Dokumentation werden detaillierte und sensible Informationen mit IT-Bezug dokumentiert. Dazu gehören nicht nur Verfahrensdokumentationen, sondern auch sensible Informationen bspw. zur IT-Strategie und zu Nutzer- und Rollenkonzepten oder auch IT-Sicherheitsparameter eines Unternehmens. Wichtig ist es dabei, dass die drei zentralen Schutzziele (Vertraulichkeit, Integrität und Verfügbarkeit)[69] nicht nur für die IT-Systeme/Informationen eingehalten werden, sondern auch für die jeweilige IT-Dokumentation (**Tab. 3.3**). Selbstverständlich gilt die Anforderung der Erfüllung der Schutzziele sowohl für die Vorgabedokumentation als auch für die Nachweisdokumentation.

Vertraulichkeit	Integrität	Verfügbarkeit
Inhalte und Daten sind nur den Berechtigten zugänglich.	Inhalte und Daten sind vollständig und korrekt (Daten- und Systemintegrität).	Inhalte und Daten müssen jederzeit für Berechtigte verfügbar sein.

[69] Englisch: CIA (C-Confidentiality, I-Integrity, A-Availability).

Vertraulichkeit	Integrität	Verfügbarkeit
Konkretisierung hinsichtlich IT-Dokumentation: IT-Dokumente, wie bspw. Notfallkonzepte, Administrationsdetails oder Netzwerkparameter, dürfen nur von Mitarbeitern oder externen Personen gelesen werden, welche dafür auch befugt sind (bspw. IT-Administratoren, externe Prüfer). Besondere IT-Dokumentationen mit insbesondere sicherheitsrelevanten Informationen oder personenbezogenen Informationen sollten im Unternehmen sehr vertraulich behandelt werden.	**Konkretisierung hinsichtlich IT-Dokumentation:** Bezogen auf IT-Dokumentation bedeutet Integrität, dass die Dokumente vollständig, unversehrt und nicht unautorisiert/unbemerkt verändert vorliegen. Insbesondere auch IT-Nachweisdokumentation (technische Protokolle, Fehlerdokumentationen etc.) darf nicht systemseitig oder durch Unbefugte verändert oder gelöscht werden können.	**Konkretisierung hinsichtlich IT-Dokumentation:** Der Zugriff auf IT-Dokumentation muss jederzeit für den berechtigten Benutzerkreis gewährleistet sein. Nicht nur benötigen Mitarbeiter bspw. Verfahrensdokumentation zu rechnungsrelevanten DV-Systemen für ihre tägliche Arbeit, die Verfahrensdokumentation muss bei Bedarf auch externen Prüfern zeitnah bereitgestellt werden können.
Praxisbeispiel: **Alle Mitarbeiter können ein vertrauliches Dokument lesen** Der Netzwerkplan enthält viele kritische Informationen, bspw. dazu, welche Bereiche im Unternehmen mit einer Netzwerkfirewall geschützt werden oder aber nicht sehr geschützt werden, weil dies technisch nicht mit allen Geräten möglich ist. Gemäß dem Need-to-know-Prinzip sollen lediglich ausgewählte Mitarbeiter auf detaillierte Netzwerkpläne Zugriff haben. Dagegen sollte eine Benutzeranleitung für den Zugang zum Gäste-WLAN allen Mitarbeitern des Unternehmens zur Verfügung stehen.	**Praxisbeispiel:** **Vollständige und richtige BCM-Dokumentation** Dokumentation zum BCM definiert u. a. exakte Abläufe und auch seitens der IT vorzunehmende Parametrisierungen zum Wiederanlauf und zur Wiederherstellung der IT-Systeme nach einem Aus-/Notfall. Erst eine vollständige und richtige Dokumentation ermöglicht im Ernstfall die korrekte Durchführung dieser Maßnahmen zur Wiederaufnahme des Betriebs. Ohne Sicherstellung der Integrität der IT-Dokumentation kann dies nicht gewährleistet werden.	**Praxisbeispiel:** **Verfügbarkeit einer Protokollierung der Batch-Mappen-Verarbeitung** Die Stapelverarbeitung von Buchungen aus Vorsystemen erfolgt in einem Unternehmen über eine Schnittstelle ins Buchungssystem/Hauptbuch. Jede Stapelverarbeitung wird technisch protokolliert (Datum, Benutzer, Inhalt, Fehler). Nur wenn die Verfügbarkeit dieser Protokollierung gewährleistet ist, können alle Verarbeitungen nahtlos nachvollzogen werden und bspw. auch Verarbeitungsfehler rückwirkend behoben werden.

Vertraulichkeit	Integrität	Verfügbarkeit
Sicherstellung der Vertraulichkeit von IT-Dokumentation durch bspw.: Vertraulichkeitsstufen, IT-Sicherheitskonzeption, IT-Organisationskontrollen, physische und logische Zugriffskontrollen	**Sicherstellung der Integrität von IT-Dokumentation durch bspw.:** IT-Sicherheitskonzeption, Funktionstrennungskontrollen, physische und logische Zugriffskontrollen, Change Management und Entwicklungskontrollen	**Sicherstellung der Verfügbarkeit von IT-Dokumentation durch bspw.:** Redundante Datenhaltung, Datensicherungskonzeption, IT-Sicherheitskonzept, physische und logische Zugriffskontrollen, zusätzliche Sicherung in Cloud-Anwendungen oder speziellen Notfall-Geräten, IT-Problem- und Störungsmanagement, Virenschutz und Firewall

Tab. 3.3: Drei Schutzziele: Vertraulichkeit – Integrität – Verfügbarkeit in Bezug auf IT-Dokumentation

In der Literatur gibt es auch noch weitere Schutzziele, die neben den drei zentralen Zielen zur Vollständigkeit genannt werden: Zeitgerechtheit, Ordnung, Unveränderbarkeit, Authentizität, Nichtabstreitbarkeit etc. In der Praxis haben sich jedoch meist die in **Tab. 3.3** genannten Schutzziele durchgesetzt.

Praxistipp:
Dass IT-Dokumentation selbst die IT-Sicherheit von Unternehmen gefährden kann, wird oft erst bei genauer Betrachtung bewusst. Insbesondere muss auch die IT-Dokumentation erhöhtem Schutzbedarf bezüglich der Schutzziele Vertraulichkeit, Integrität und Verfügbarkeit unterliegen, um diese Schutzziele auch für die IT-Systeme/Daten des Unternehmens sicherzustellen.

Doch häufig sammeln Unternehmen eine Menge an sehr detaillierten und sicherheitsrelevanten Informationen in ihrer IT-Dokumentation an, welche Unbefugte ausnutzen könnten, um Informationen abzugreifen, zu verändern oder zu löschen[70].

Der Wirtschaftsprüfer sollte deshalb darauf achten, dass Unternehmen die Schutzziele explizit auch für ihre IT-Dokumentation selbst

[70] Vgl. auch Kapitel 3.5.5.

(und nicht nur für die IT-Systeme/Informationen) einhalten und sich davon auch in eigenen Prüfungen überzeugen. Bspw. kann er sich zeigen lassen, wie und in welcher Form die Erstellung, Änderung und Ablage von IT-Dokumentation im Unternehmen erfolgt und ob dieses Vorgehen die Einhaltung der Schutzziele gewährleisten kann.

Zuletzt muss der Wirtschaftsprüfer auch in seiner Mandatsarbeit sich selbst dem Anspruch zur Einhaltung der oben genannten Schutzziele stellen. Dies betrifft insbesondere die Vertraulichkeit, Integrität und Verfügbarkeit der im Rahmen der Prüfung generierten Nachweise (Vorgabedokumente und Nachweisdokumente der Mandanten). Entsprechende Maßnahmen können sein:

- Einsatz aktueller und sicherheitsgeprüfter Hardware und Software zur Ablage der Mandantenunterlagen
- Einsatz von zertifizierter Software/Hardware und IT-Dienstleistern
- Nutzung sicherheitsüberprüfter Übertragungswege (bspw. Secure Mail, sicherheitszertifizierte Datei-Austauschplattformen) bzw. Ablehnen unsicherer Übertragungswege (bspw. Nutzung unverschlüsselter Speichermedien oder E-Mails)
- Physische und logische Zugriffsbeschränkung auf IT-Dokumentation der Mandanten innerhalb der Wirtschaftsprüfungsgesellschaft (Trennung von Laufwerken einzelner Teams, bspw. sollte die Rechtsabteilung nicht auf die Daten der Wirtschaftsprüfungskollegen zugreifen können)
- Äußerst vorsichtiger Umgang bei direktem Zugriff auf Produktivsysteme der Mandanten
- Sensibilisierung der eigenen Kollegen
- Geheimhaltungsverpflichtung mit eigenen Mitarbeitern und externen Partnern
- Einsatz des Need-to-know-Prinzips auch bei der Anforderung von Prüfungsnachweisen beim Mandanten anstatt massenhafter Anforderung nicht genutzter oder sensibler Dokumente
- Klare Vorgaben zur Archivierung und späteren Löschung von Prüfungsnachweisen (inkl. Berücksichtigung von Hardware)
- Grundsätzlich natürlich auch Einhaltung aller eigenen Anforderungen an die IT-Dokumentation der Kanzlei

3.8 IT-Dokumentation als Bestandteil eines IT-Compliance-Management-Systems

Ein IT-Compliance-Management-System[71] dient dazu, IT-Compliance als Unternehmensziel aufzubauen, zu überwachen und weiterzuentwickeln. Ein IT-CMS kann zur Haftungsminimierung bzw. Haftungsvermeidung im Unternehmen beitragen[72].

Gängige Standards, wie bspw. IDW PS 980 (Prüfung von Compliance-Management-Systemen) und DIN ISO 19600 (Compliance-Managementsysteme) geben eine mögliche Struktur für ein IT-CMS vor.

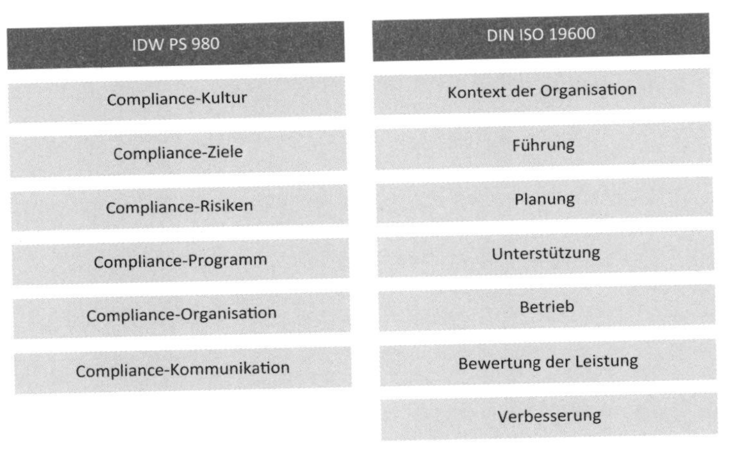

Abb. 3.5: Mögliche Struktur eines IT-CMS nach gängigen Standards[73]

Die Grundlage eines jeden IT-CMS bildet zweifelsohne auch die zugehörige IT-Dokumentation. Sie erfüllt eine Vorgabefunktion für die Mitarbeiter (Anforderungen zur Erfüllung der IT-Compliance) und eine Nachweisfunktion (Beleg zur Umsetzung der Anforderung an IT-Compliance)

Zu einem wirksamen IT-Compliance-Management-System trägt zweifelsohne die IT-Dokumentation eines Unternehmens wesentlich bei.

71 Im Folgenden als IT-CMS abgekürzt.
72 Vgl. Schmidt u. a. (2021).
73 Vgl. IDW PS 980, Tz. 23; DIN ISO 19600:2016, S.5; Schmidt u. a. (2021), S. 50.

4 Best-Practice-Leitfaden IT-Dokumentation

In diesen Abschnitt werden Best-Practice-Ansätze für die Ausgestaltung der IT-Dokumentation im Unternehmen gegeben. Neben dem Aufbau eines Dokumentations- und Dokumentenmanagements (Kapitel 4.1 und 4.2) sowie Anforderungen an Nachweisdokumentationen (Kapitel 4.3) werden u. a. empfohlene Inhalte für die gängigen IT-Themengebiete aufgezeigt (Kapitel 4.4).

4.1 Dokumentationsmanagement gibt Managementrahmen vor

Das Dokumentationsmanagement legt die übergeordneten Rahmenbedingungen zur Planung, Steuerung und kontinuierlichen Verbesserung von IT-Dokumentation im Unternehmen fest. Es verfolgt das übergeordnete Ziel, anforderungsgerechte IT-Dokumentation bereitzustellen und einen Beitrag zur Governance der Dokumentation (d. h. Steuerung im Sinne der Unternehmensziele) sowie Compliance (d. h. Übereinstimmung mit externen/internen Vorgaben) zu leisten[74]. Dokumentationsmanagement unterscheidet sich damit vom Dokumentenmanagement (siehe Kapitel 4.2), welches einen deutlich operativeren Charakter hat und die Erstellung/Aktualisierung, Qualitätssicherung/Freigabe, Veröffentlichung/Nutzung und Archivierung/Löschung einzelner IT-Dokumente adressiert.

In der **Abb. 4.1** wird das „Big Picture" zur IT-Dokumentation inkl. Abgrenzung und Zusammenspiel von Dokumentations- und Dokumentenmanagement dargestellt. Über allem steht das Dokumentationsmanagement, welches den Managementrahmen vorgibt. Fachliche und technische Anforderungen (inkl. Berücksichtigung externer/interner Vorgaben) fließen in IT-Dokumente ein, die im Rahmen eines Dokumentenlebenszyklus erstellt bzw. überarbeitet werden und letztlich die ordnungsgemäße IT-Dokumentation eines Unternehmens bilden. Die gesamten Aktivitäten rund um die IT-Dokumentation können von entsprechenden Tools unterstützt werden:

[74] Vgl. Reiss (2020c).

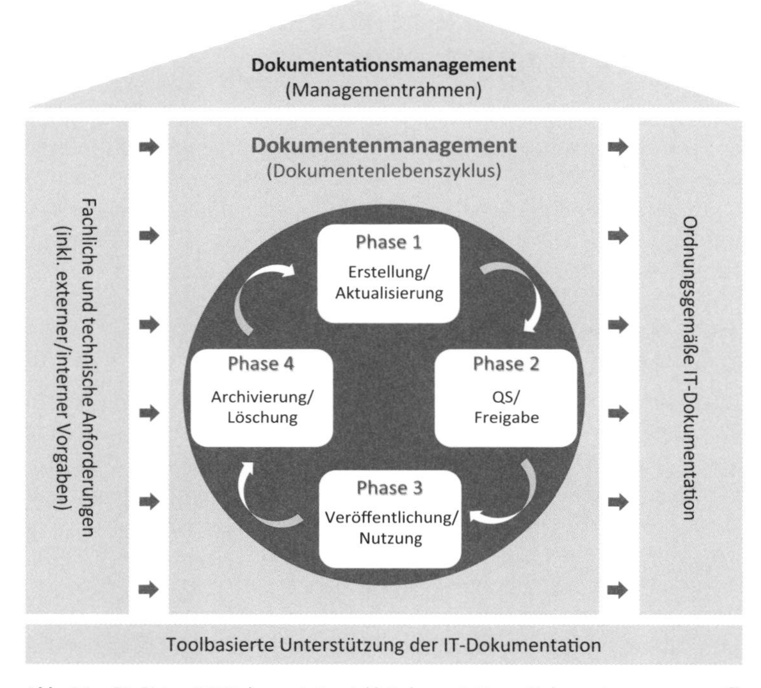

Abb. 4.1: „Big Picture" IT-Dokumentation inkl. Dokumentations-/Dokumentenmanagement[75]

Die folgenden Bestandteile/Themengebiete gestalten das Dokumentationsmanagement eines Unternehmens aus bzw. legen den Managementrahmen für IT-Dokumentation fest und werden in den folgenden Unterkapiteln beschrieben[76]:

- IT-Dokumentationsrichtlinie
- IT-Dokumentenmatrix/-Dokumentenlandkarte
- Dokumentenlebenszyklus

[75] Darstellung in Anlehnung an Reiss/Reiss (2019), S. 289, erweitert und angepasst auf die von den Autoren dieses Leitfadens empfohlenen Phasen des Dokumentenlebenszyklus.

[76] Der exakte Schnitt der dargestellten Bestandteile/Themengebiete kann von Unternehmen zu Unternehmen unterschiedlich sein. Insbesondere bei kleineren/mittleren Unternehmen werden die dargestellten Themen meist in wenigen oder sogar nur einem Dokument (üblicherweise IT-Dokumentationsrichtlinie) gesammelt, wohingegen größere Unternehmen ggf. sogar eigene Einheiten/Teams für jeweilige Einzeldisziplinen haben (bspw. Qualitätsmanagement oder zentrale Vorgabe-Templates).

- Qualitätssicherung und Dokumentenfreigabe
- Aufbewahrungs- und Löschfristen
- Dokumentenvorlagen/Templates
- Berücksichtigung Nachweisdokumente im Dokumentationsmanagement
- Übergreifendes Glossar zentraler Begrifflichkeiten der IT-Dokumentation

4.1.1 IT-Dokumentationsrichtlinie

Eine **IT-Dokumentationsrichtlinie**[77] (oft auch IT-Dokumentations-Policy genannt) definiert verbindliche, übergeordnete Regelungen und Rahmenbedingungen für die gesamte IT-Dokumentation im Unternehmen.

Folgende Aspekte sollte eine IT-Dokumentationsrichtlinie mindestens abdecken, um den Forderungen nach einer aktuellen, vollständigen, richtigen und für einen sachverständigen Dritten nachvollziehbaren IT-Dokumentation gerecht zu werden[78]:

- Geltungsbereich (Abgrenzung, welche IT-Dokumentation unter die Vorgaben der IT-Dokumentationsrichtlinie fällt; ggf. auch Eingrenzung auf einzelne Teilgebiete, Standorte etc.)
- Übergreifende Regelung und Verantwortlichkeiten für IT-Dokumentation (inkl. Dokumentenlebenszyklus, Maßnahmen zur Qualitätssicherung, Schulungsangeboten und ggf. eingesetzter Software)[79]

Praxistipp:
Die IT-Dokumentationsrichtlinie legt die Basis für sämtliche IT-Dokumentation im Unternehmen. Sie verpflichtet Mitarbeiter zur Einhaltung der Vorgaben rund um IT-Dokumentation und ermöglicht dem Wirtschaftsprüfer einen thematischen Einstieg in die Dokumentation eines Unternehmens. Es muss sichergestellt sein, dass die zentralen Vorgaben im Unternehmen kommuniziert/bekannt sind und

[77] In der Praxis kann auch eine übergreifende Dokumentationsrichtlinie etabliert sein, welche die IT-Dokumentation bspw. in einem eigenen Abschnitt adressiert. Nicht immer existiert eine eigene IT-Dokumentationsrichtlinie.

[78] Vgl. Reiss/Reiss (2019), S. 292.

[79] Bei größeren Unternehmen werden die einzelnen Regelungen meist in separaten, weiterführenden Dokumenten außerhalb der IT-Dokumentationsrichtlinie konkretisiert bzw. operationalisiert.

eingehalten werden sowie die IT-Dokumentationsrichtlinie auch im Unternehmensalltag gelebt wird.

Beispiel

Mögliches Inhaltsverzeichnis einer IT-Dokumentationsrichtlinie:

1. Zielsetzung
2. Geltungsbereich und Verpflichtung zur Anwendung
3. Rechtlicher und regulatorischer Rahmen
4. Abgrenzung und Definition von IT-Dokumentation
5. Dokumentenstrukturierung (Dokumentenklassen und Dokumententypen)
6. Regelung der Verantwortlichkeiten zu IT-Dokumentation
7. Spezifische Regelungen[80] des Dokumentationsmanagements (ggf. auch nur als Verweis[81])
8. Ggf. Verweis auf im jeweiligen Unternehmen gültige weitere themenspezifische Anforderungen an IT-Dokumentation (Informationssicherheit inkl. Schutzbedarf von IT-Dokumentation, Datenschutz etc.)

4.1.2 IT-Dokumentenmatrix/Dokumentenlandkarte

Eine **IT-Dokumentenmatrix** dient dazu, die Dokumente im Unternehmen nach deren Eigenschaft/Zweck zu strukturieren[82] und so besser verwaltbar und nutzbar zu machen.

Die Dokumentenmatrix sollte die gängigen Dokumenteneigenschaften[83], wie bspw. Dokumententitel, Dateiname, Geltungsbereich, Version, Angaben zur Qualitätssicherung und Freigabe etc., enthalten.

80 Vgl. hierzu die folgenden Kapitel in diesem Abschnitt 4.1 des Leitfadens.

81 Bei großen Unternehmen sind Vorgaben zu bspw. Dokumentenlebenszyklus, Qualitätssicherung von IT-Dokumentation und auch Archivierung von Dokumenten ggf. auch in separater Dokumentation außerhalb der IT-Dokumentationsrichtlinie geregelt. Bei kleinen/mittleren Unternehmen werden all diese Aspekte üblicherweise direkt in der IT-Dokumentationsrichtlinie betrachtet.

82 Eine Einführung in die Strukturierung von IT-Dokumentation wird in Kapitel 3.2 gegeben.

83 In Kapitel 4.2.1 erfolgt eine detaillierte Auflistung der gängigen Dokumenteneigenschaften.

Hinweis:
Die systematische/tabellarische Pflege einer Übersicht der IT-Dokumentation ermöglicht eine einfache und anlassbezogene Auswertung über die vorhandene IT-Dokumentation (bspw. Filterung nach Dokumentation in bestimmten Themengebieten, Dokumententypen oder Bearbeitungsstatus). Insbesondere können auch Dokumentenanfragen Dritter (bspw. Wirtschaftsprüfer) zeitnah erfüllt werden.

Dokumententitel	Dateiname	Dokumententyp	Autor	Freigeber	Version	Bearbeitungsstatus	Freigabedatum
IT-Strategie NEU	IT-Strategie_NEU_Manage...	Strategie	A. Müller	M. Liebig	0.9.1	In Bearbeitung	-
RPA	RPA_Prozessbeschreibung_I...	Prozessbeschreibung	D. Erich	C. Heinrich	3.3.0	freigegeben	14.03.2021
Datenbankrichtlinie SQL	Datenbankrichtlinie_SQL_IT...	Richtlinie	F. Bayer	C. Heinrich	1.2.2	freigegeben	20.05.2021
...	...	...	...	...	...	...	...

Abb. 4.2: Auszug aus einer beispielhaften Dokumentenmatrix

Praxistipp:

Mit entsprechender Parametrisierung kann eine Übersicht über bestehende IT-Dokumentation auch in gängigen Dokumentenmanagementsystemen (DMS) vorgehalten werden. Die ggf. fehleranfällige Erstellung und Pflege einer manuellen IT-Dokumentenmatrix entfällt hierdurch. Auch kann ein DMS durch bspw. automatisierte Freigabe-Workflows die Vollständigkeit und Richtigkeit der Dokumentenmatrix garantieren.

Vergleiche hierzu auch den Exkurs zur Einführung eines DMS in Kapitel 8.

Für besondere Transparenz und grafischen Überblick über vorhandene IT-Dokumentation kann die Erstellung einer **Dokumentenlandkarte** sorgen:

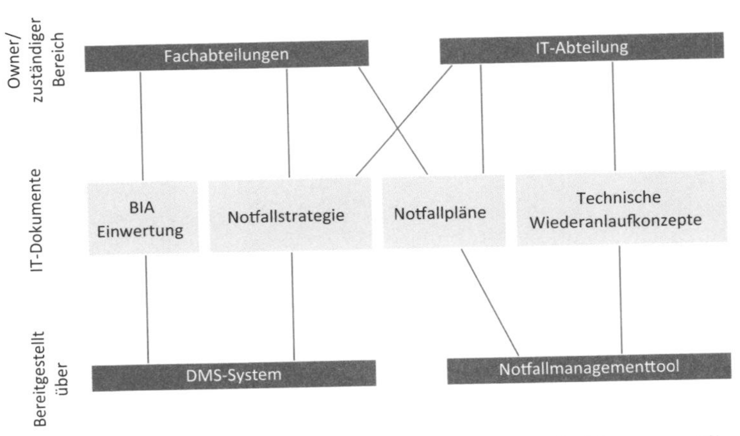

Abb. 4.3: Beispielhafter Auszug aus einer Dokumentenlandkarte zum Notfallmanagement[84]

Praxistipp:
Um eine jederzeit konsistente und aktuelle Darstellung zu ermöglichen, wird von einer manuellen Erstellung einer Dokumentenlandkarte abgeraten und stattdessen die (teil-)automatisierte grafische Erstellung durch entsprechende Tools basierend auf der Dokumentenmatrix empfohlen.

Verknüpfungen durch Verlinkungen zwischen einzelnen Dokumenten können alternativ bspw. auch in Dokumentenmanagementtools (DMS) abgebildet werden und so Abhängigkeiten abbilden. Zugleich ermöglicht dies eine noch einfachere und fehlerfreie Anpassung von Dokumenten, da gleiche Informationen nicht redundant verschriftlicht werden müssen.

4.1.3 Dokumentenlebenszyklus

Der Dokumentenlebenszyklus beschreibt die Phasen eines Dokuments von der Erstellung bis hin zur Archivierung bzw. Löschung. Er sollte zentral vorgegeben und im definierten Geltungsbereich eingehalten

84 Selbstverständlich ist auch die Darstellung weiterer Ebenen, bspw. Dokumentenklassen und -typen, sowie die Verknüpfung zwischen einzelnen Dokumenten in einer Dokumentenlandkarte möglich.

werden. Kapitel 4.2 gibt detaillierte Hinweise zur Ausgestaltung des Dokumentenmanagements (als Teildisziplin des Dokumentationsmanagements), welches den Dokumentenlebenszyklus abbildet.

4.1.4 Qualitätssicherung und Dokumentenfreigabe

Im Dokumentationsmanagement stellen Vorgaben zur verpflichtenden Qualitätssicherung und Dokumentenfreigabe einen wesentlichen Bestandteil dar. In größeren Unternehmen existieren meist eigene Qualitätsmanagementabteilungen, welche oftmals auch die Qualitätssicherung von IT-Dokumentation inkl. einem zugehörigen Prüf- und Freigabeprozess etablieren und hierfür spezifische Vorgaben machen. Auch kann die Toolunterstützung (bspw. Workflow- und Dokumentenmanagementtools) die Qualitätssicherung und Freigabe von IT-Dokumentation wesentlich vereinfachen und unterstützen.

Die zentrale Vorgabe eines geeigneten Qualitätssicherungs- und Freigabeprozesses für IT-Dokumentation ist unerlässlich. Die folgende Abbildung stellt einen solchen Prozess beispielhaft für die Überarbeitung eines bestehenden Dokuments dar:

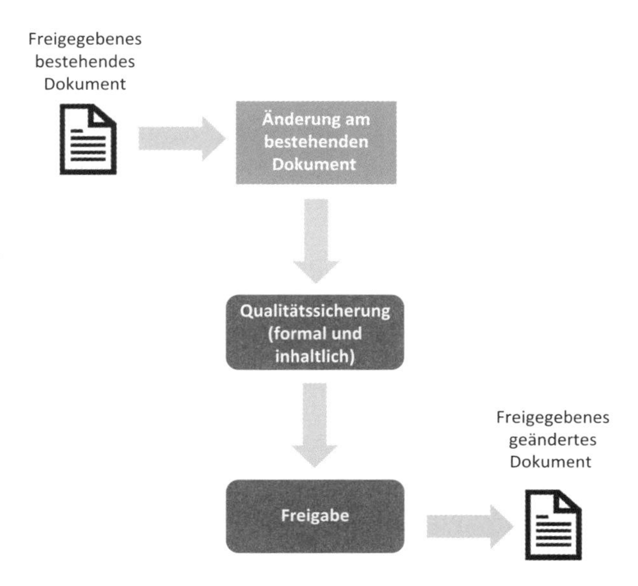

Abb. 4.4: Beispielhafte Darstellung Qualitätssicherungs- und Freigabeprozess für bestehendes Dokument

Hinweis:
Die ISO/TR 10013 „Leitfaden für das Erstellen von Qualitätsmanagement-Handbüchern“ gibt Hinweise für die Erarbeitung einer Verfahrensanweisung für Qualitätssicherung, auch für Dokumentationen.

Qualitätsgesicherte und freigegebene Dokumente	**Nicht qualitätsgesicherte und nicht freigegebene Dokumente**
– Fachliche und technische Anforderungen (inkl. externer/interner Vorgaben) umfangreich von Stakeholdern geprüft – Formale Anforderungen an IT-Dokumentation eingehalten – Dokumente genießen Committment des Managements	– Vollständigkeit und Richtigkeit der Anforderungen unter Umständen nicht gegeben – Fehler in Abläufen und nachfolgender IT-Umsetzung sehr wahrscheinlich – Mangels Freigabe fehlender verpflichtender Charakter der IT-Dokumentation

Abb. 4.5: Unterscheidung qualitätsgesicherte und freigegebene Dokumente vs. nicht qualitätsgesicherte und nicht freigegebene Dokumente

Beispiel

Fehlende Qualitätssicherung und Freigabe führt zu Frust im Unternehmen

Ein Unternehmen möchte mit möglichst wenig Formalismus und umso mehr kreativer Mitarbeit aller Beteiligten im Rahmen eines IT-Projekts sein in die Jahre gekommenes CRM-System austauschen. Anstatt vermeintlich umständlicher QS- und Freigabeverfahren erfolgt die iterative Weiterentwicklung der Funktionalitäten in interdisziplinären Projektteams aus Fach- und IT-Mitarbeitern.

Bald schon kommt es zu ersten Problemen und wiederholten Fällen, in denen die IT-Abteilung aus Sicht des Fachbereichs klar abgestimmte Anforderungen falsch verstanden und umgesetzt hat. Trotz der hohen Defect-Quote (d. h. Fehler in der Umsetzung) entscheidet man sich für einen Go-Live des neuen Systems. Nach mehreren Wochen mit größten Herausforderungen im Tagesgeschäft wird ein erfahrenes Projektteam einer Wirtschaftsprüfungsgesellschaft beratend hinzugezogen.

Schnell wird festgestellt, dass Anforderungs- und Testdokumentation weder einer formalen Qualitätssicherung noch einer dokumentierten Freigabe unterlag. Nach Etablierung und Umsetzung von Vorgaben zur Qualitätssicherung und Freigabe folgen mehrere Update-Releases des CRM-Systems, welche die Probleme nachhaltig beheben können. Es kann hierdurch sichergestellt werden, dass die Anforderungen aller Stakeholder an das IT-System von allen Stakeholdern berücksichtigt werden und die Stakeholder auch explizit dahinterstehen. Entstandene Mehrkosten aus Gesamtsicht im sechsstelligen Bereich hätten durch einfache Qualitäts- und Freigabeverfahren vermieden werden können.

Für weitere Details zur Ausgestaltung der Qualitätssicherung und Freigabe von IT-Dokumentation vergleiche Kapitel 4.2.2.

4.1.5 Aufbewahrungs- und Löschfristen

Auch die Berücksichtigung von Aufbewahrungs- und Löschfristen sollte Bestandteil des Dokumentationsmanagements sein. Vorgaben leiten sich aus diversen gesetzlichen und regulatorischen Anforderungen ab[85].

Da sich eine trennscharfe Differenzierung der Aufbewahrungsfrist eines jeden Dokuments mitunter als schwierig erweist und insbesondere die technische Differenzierung in der Praxis extrem aufwändig sein kann (bspw. falls unterschiedliche technische Protokolle eines IT-Systems unterschiedlich lange archiviert werden sollen), empfehlen die Autoren dieses Leitfadens die folgenden Fristen (vorausgesetzt, dem jeweils konkreten Fall steht aufgrund personenbezogener Daten keine kürzere Löschfrist nach DS-GVO gegenüber):

[85] U. a. §§ 238, 257, 261 HGB, § 147 AO, ProdHaftG, EStG, KStG, GewStG, BGB, ZPO, AktG, DS-GVO.

Dokumente	Aufbewahrungs-frist/Löschfrist
Angebotsunterlagen, die nicht zum Auftrag geführt haben	Sofort vernichten
Angebotsunterlagen, die zum Auftrag geführt haben	6 Jahre
Arbeitsanweisungen für EDV- Buchführung	10 Jahre
Ausgangsrechnungen/Eingangsrechnungen	10 Jahre
Belege, Sammelbelege, Beleglisten (soweit Buchungsunterlagen)	10 Jahre
IT-Vorgabedokumentation als Bestandteil der Verfahrensdokumentation für rechnungslegungsrelevante IT-gestützte Geschäftsprozesse	10 Jahre
Dokumentation für Programme und Systeme bei EDV sowie IT-Nachweisdokumentation wie bspw. Fehlerprotokolle, Logfiles und sonstige Verarbeitungsnachweise für IT-gestützte Geschäftsprozesse	10 Jahre
E-Mails mit steuerrelevantem Inhalt	10 Jahre
Handelsbriefe/Schriftwechsel	6 Jahre
Inventare/Inventarnachweise	10 Jahre
Jahresabschluss	10 Jahre
Kassenberichte, Kassenbücher und -blätter	10 Jahre
Kontenpläne und -änderungen	10 Jahre
Patente und Patentunterlagen nach Ablauf des Patents	6 Jahre
Ausgewählte Qualitätsmanagement-Unterlagen	10 Jahre

Tab. 4.1: Übersicht zentraler Aufbewahrungsfristen

Es empfiehlt sich, die üblichen Aufbewahrungsfristen in die Dokumentationsrichtlinie aufzunehmen und den Mitarbeitern transparent zu machen. Die Festlegung kann bspw. anhand der einzelnen Dokumententypen erfolgen bzw. beim Einsatz automatisierter Dokumentenmanagement- und/oder Archivierungstools entsprechend hinterlegt werden.

Hinweis:
Im Zweifelsfall liegt meist die Wahl einer längeren Aufbewahrungsfrist nahe – vorausgesetzt, dies steht nicht im Widerspruch zu bspw. den durch die DS-GVO vorgegebenen Löschfristen bei personenbezogenen Daten.

IT-Dokumentation wird üblicherweise nach Ablauf der Archivierungsfristen zur Löschung freigegeben. Auch dies kann technisch in entsprechenden Dokumentenmanagement- und/oder Archivierungstools hinterlegt werden. Bei personenbezogenen Daten fordert die DS-GVO nach Ablauf gesetzlicher/regulatorischer Aufbewahrungsfristen zur Löschung auf.

Hinweis:
Löschkonzeptionen[86]

Neben Vorgaben zur Archivierung sollte die Dokumentationsrichtlinie stets auch eine allgemeine Löschkonzeption für IT-Dokumentation enthalten. Hierbei sollten die folgenden Themen geregelt werden[87]:

- Verweis auf Archivierungsfristen
- Anforderungen zur Erstellung und Pflege eines Löschkonzepts für IT-Dokumentation (ggf. direkt in der IT-Dokumentationsrichtlinie)
- Organisatorische Verankerung der Überprüfung und Durchführung von Löschvorgaben (bspw. zentral und/oder beim Owner hinterlegt)
- Erstellung und Umsetzung von Löschregeln[88]
- Ggf. Regelungen zur Pseudonymisierung/Anonymisierung nach Ablauf der Löschfrist, falls IT-Dokumentation dennoch weiterhin vorgehalten werden soll (bspw. Entfernen von personenbezogenen Daten aus Dokumenten)

4.1.6 Dokumentenvorlagen/Templates

Dokumentenvorlagen dienen dazu, klare Vorgaben hinsichtlich der Struktur, des Inhalts, des Layouts, der Sprache und Formate zu geben. Durch Verwendung von Vorlagen wird die Einhaltung zentraler Vorgaben des Dokumentationsmanagements deutlich gefördert; zudem sind

[86] Insbesondere nach Art. 24. Abs. 1 DS-GVO und Art. 5 Abs. 2 DS-GVO sowie Erwägungsgrund 39, S. 10.
[87] Die DIN 66398 macht weitere spezifische Vorgaben zur Löschkonzeption.
[88] Die Löschregel definiert, welche Daten zu welchem Zeitpunkt von wem gelöscht werden. Hierbei ist wichtig, welche Regellöschfrist gilt und wann der Startzeitpunkt ist, ab dem die Regellöschfrist startet. Die DIN 66398 sieht hierfür Löschklassen zur Komplexitätsreduktion vor. Vgl. Hammer (2016), S. 8.

die Dokumente aufgrund ihres gleichen Aufbaus und Layouts leichter zu erstellen/aktualisieren und nachzuvollziehen. In der Praxis bietet es sich an, ein Vorlagenmanagementsystem zu implementieren, um alle Vorlagen zentral verwalten und bereitstellen zu können (siehe nachfolgende Hinweise und **Abb. 4.6**).

i

Hinweis:
Die Nutzung von Vorlagen für IT-Dokumentation bietet neben der Einhaltung der zentralen Vorgaben des Dokumentationsmanagements gleich mehrere Vorteile[89]:

- Gleiche Form der Dokumentationen (Corporate Identity/Design)
- Vergleichbarkeit des Inhalts (Standardisierung & Textbausteine)
- Vereinfachte Konzipierung und Erstellung von Dokumenten
- Festgelegte Struktur und Layout ermöglichen unmittelbare Konzentration auf Inhalte
- Wiedererkennung und schnelles Zurechtfinden seitens der Mitarbeiter und Externen in Dokumenten

Zusätzliche Vorteile beim Einsatz eines toolbasierten Vorlagenmanagements:

- Zentrale Verfügbarkeit aller Vorlagen im Unternehmen
- Kontrolle der logischen Zugriffe der Dokumenten-Stakeholder
- Automatische Versionierung der Vorlagen bei Aktualisierung
- Möglichkeit zur Vermeidung von Redundanzen (durch ggf. Verlinkung der Inhalte)
- Möglichkeit der Vermeidung fehlerhafter Inhalte (z. B. hinsichtlich Einhaltung externer/interner Vorgaben)
- Möglichkeit der automatischen Personalisierung der Dokumente durch Informationen wie bspw. Autor, Organisationseinheit, Funktion etc., so dass das Dokument mit den richtigen Dokumenteneigenschaften versehen wird

Die automatisierte Dokumentenerstellung (bspw. aus Wikis heraus) bietet folgende Vorteile:

[89] Vgl. auch Estermann (2018).

- Möglichkeit der Auswahl verschiedener Bausteine (bspw. Dokumenteneigenschaften, Verzeichnisse, Textbausteine)
- Toolgestützte Klassifizierung von Dokumenten gemäß Vorgabe
- Schnittstellen zu anderen Systemen (bspw. Metadatenaustausch mit DMS)

Im Idealfall arbeiten ein toolbasiertes Vorlagenmanagementsystem und Dokumentenmanagementsystem (DMS) eines Unternehmens zusammen. In der Praxis bieten entsprechende Tools auch beide Funktionalitäten.

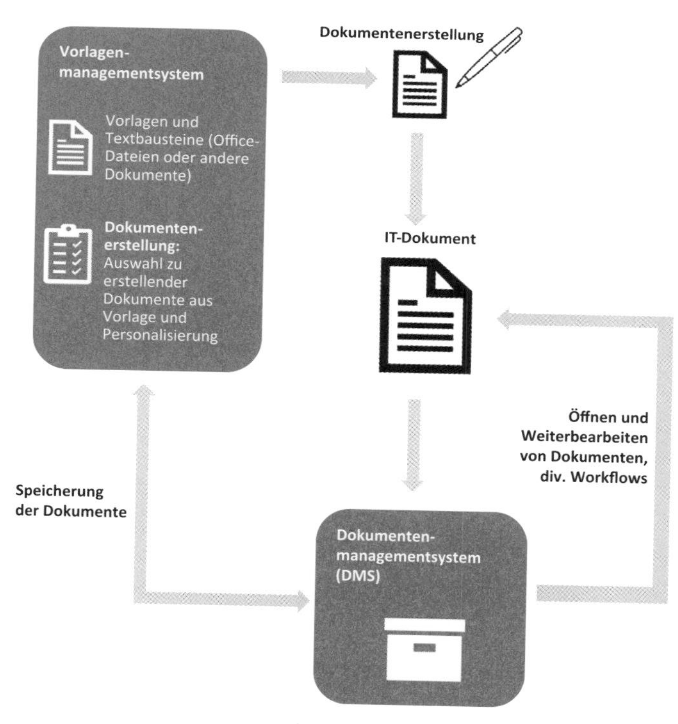

Abb. 4.6: Zusammenwirken von Vorlagenmanagementsystem und Dokumentenmanagementsystem (DMS)[90]

[90] Vgl. Estermann (2018).

Im Kapitel 7 dieses Leitfadens wird zudem eine Auswahl an etablierten Templates zur IT-Dokumentation aus der Praxis gegeben.

4.1.7 Berücksichtigung Nachweisdokumente im Dokumentationsmanagement

Neben der in den vorangegangenen Kapiteln adressierten Vorgabedokumentation sollte das Dokumentationsmanagement auch die Besonderheiten der Nachweisdokumentation berücksichtigen (vgl. auch Einführung zu Nachweisdokumenten in Kapitel 3.1).

Nachweisdokumente, wie bspw. Systemprotokolle, Ausführungsdokumentation zur Durchführung von User Reviews oder auch automatisierte Reports zur erfolgreichen Datensicherung, sind essentiell für die Sicherstellung eines stabilen und ordnungsgemäßen IT-Betriebs bzw. die angemessene Ausgestaltung des IT-Kontrollsystems.

i

Hinweis:
Immer wieder kann man in der Praxis beobachten, dass zwar automatisierte Nachweisdokumentation (Protokolldateien, Fehlermeldungen etc.) in großem Umfang vorliegt, jedoch kaum relevante Vorgabedokumentation erstellt wurde. Es liegen keine klaren Anweisungen vor, wie die meist automatisiert erstellten Nachweise generiert werden sollen bzw. wie damit umgegangen wird.

Andererseits gibt es in der Praxis mitunter Projekte in Unternehmen, bei denen sehr viel Vorgabendokumentation schon während der Projektlaufzeit erstellt wird, jedoch Nachweisdokumente über die korrekte Umsetzung im späteren Betrieb nur rudimentär ausgeprägt sind.

Diese beiden Extremfälle gilt es zu vermeiden. Best-Practice-Hinweise bezüglich Nachweisdokumentation finden sich im Kapitel 4.3.

4.1.8 Übergreifendes Glossar zentraler Begrifflichkeiten der IT-Dokumentation

In einem Glossar sollten die zentralen Begriffe rund um IT-Dokumentation definiert werden, welche allgemeine Gültigkeit haben. Neben einer klaren Abgrenzung der Themen schafft dies ein gemeinsames

Verständnis aller an der Erstellung und Weiterentwicklung der IT-Dokumentation eines Unternehmens Beteiligten.

Begriff	Erläuterung
Dokumentenmatrix	Die Dokumentenmatrix dient dazu, die Dokumente im Unternehmen nach ihrem Zweck zu strukturieren und so besser verwaltbar und nutzbar zu machen. Die Dokumentenmatrix sollte die gängigen Dokumenteneigenschaften, wie bspw. Dokumententitel, Dateiname, Geltungsbereich, Version, Angaben zur Qualitätssicherung und Freigabe etc., enthalten.
Freigabe	Mit der Freigabe werden Dokumente zur Veröffentlichung und aktiven Nutzung im Unternehmen autorisiert. Im Unterschied zur Qualitätssicherung erfolgt die Freigabe durch einen meist sehr kleinen, dafür berechtigten Personenkreis.
IT-Dokumentation	Alle Dokumente, die für den Sachverhalt „IT" erstellt werden, einschließlich der damit verbundenen Dokumentationsaufgaben.
Qualitätssicherung	Die Qualitätssicherung eines Dokuments soll die Konformität mit Anforderungen aus externen Normen aber auch eigenen unternehmensinternen Vorgaben an die IT-Dokumentation sicherstellen. In die Qualitätssicherung von Dokumenten sollten die wichtigsten Stakeholder eingebunden werden.

Abb. 4.7: Beispielhafter Auszug Glossar IT-Dokumentation

Praxistipp:
Neben der Anlage eines Glossars wesentlicher Begriffe der IT-Dokumentation empfiehlt sich stets auch die Erstellung eines unternehmensweit gültigen und einsehbaren Glossars der wesentlichen fachlichen und technischen Begriffe/Themen, die regelmäßig in einem Unternehmen Anwendung finden. Falls es dieses bereits gibt, sollte es um die Begriffe zur IT-Dokumentation ergänzt werden.

Begriffsdefinitionen aus dem Glossar dieses Leitfadens (Kapitel 10.1) können zum Auf-/Ausbau eines Glossars im Dokumentationsmanagement eines Unternehmens herangezogen werden.

4.2 Dokumentenmanagement bildet den Lebenszyklus von Vorgabedokumenten ab

Das Dokumentenmanagement ist ein Teilbereich des Dokumentationsmanagements und bildet den **Dokumentenlebenszyklus**[91] (**Abb. 4.8**) von Vorgabedokumenten ab. Es operationalisiert die Phasen eines Dokuments von der Erstellung bis hin zur Archivierung/Löschung, welche in den folgenden Kapiteln beschrieben werden. Neben Best-Practice-Hinweisen erfolgt auch eine Darstellung gängiger Probleme aus der Praxis und ggf. damit einhergehender Risiken. Zudem wird die Bedeutung für den Wirtschaftsprüfer aufgezeigt und es werden Praxistipps gegeben.

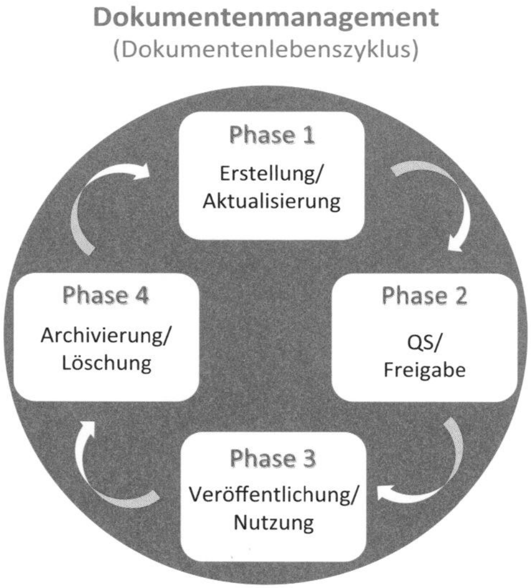

Dokumentenmanagement
(Dokumentenlebenszyklus)

Phase 1
Erstellung/
Aktualisierung

Phase 2
QS/
Freigabe

Phase 3
Veröffentlichung/
Nutzung

Phase 4
Archivierung/
Löschung

Abb. 4.8: Typischer Dokumentenlebenszyklus[92]

[91] In der Literatur finden sich Dokumentenlebenszyklen mit unterschiedlich geschnittenen/bezeichneten Phasen. In diesem Leitfaden werden die von den Autoren in der Praxis als bewährt wahrgenommenen Phasen dargestellt.

[92] Die Einbettung des Dokumentenlebenszyklus in das „Big Picture" der IT-Dokumentation ist in **Abb. 4.1** (Kapitel 4.1) dargestellt.

Praxistipp:
Der Wirtschaftsprüfer sollte berücksichtigen, dass Mandanten einen Dokumentenlebenszyklus mit anderen als in der **Abb. 4.8** dargestellten Phasen definieren können. Oft adressieren diese jeweilige Besonderheiten der Unternehmen.

Dies ist durchaus nachvollziehbar und auch sinnvoll, vorausgesetzt, der definierte Dokumentenlebenszyklus ist in sich stimmig, enthält die in den folgenden Kapiteln dargestellten Anforderungen und wird auch eingehalten.

4.2.1 Phase 1: Erstellung/Aktualisierung

Die Erstellung und Aktualisierung von IT-Vorgabedokumenten ist in der Regel ein manueller/teilautomatisierter Vorgang durch interne/externe Mitarbeiter des Unternehmens. Folgende Aspekte müssen dabei Beachtung finden:

a. Namenskonvention für Dateinamen

Eine eindeutige Vorgabe von Regeln zur Benennung von IT-Dokumenten ist essentiell, um eine einheitliche, eindeutige und nachvollziehbare Ablage und Wiederauffindbarkeit sicherzustellen. Schwerwiegende Auswirkungen wie bspw. IT-Umsetzungen, die auf falschen fachlichen Anforderungsdokumenten basieren, oder Aktivitäten der Mitarbeiter auf Basis veralteter Arbeitsanweisungen, können hierdurch ausgeschlossen/wesentlich reduziert werden.

In der Praxis treten häufig folgende **Probleme** auf:

- Keine oder unklare Regelungen für Namenskonventionen
- Keine einheitliche Nutzung der Namenskonvention (aufgrund bspw. fehlender Kommunikation der Regelung)
- Zu komplexe Namenskonventionen

Dies kann zu folgenden **Risiken** führen:

- Kein oder schwieriges Wiederauffinden von Dokumenten
- Arbeit mit veralteten Dokumentationsständen
- Fehler in der täglichen Arbeit aufgrund der Bezugnahme auf falsche Dokumente

Praxistipp:
Wesentliches Erfolgskriterium für eine funktionierende und von den Mitarbeitern auch akzeptierte und freiwillig genutzte Namenskonvention ist, dass diese explizit auf die Besonderheiten des Unternehmens und die jeweiligen Anwendungsfälle zutrifft.

Von einer pauschal für alle Unternehmen und Anwendungsfälle gültigen Namenskonvention für Dateinamen raten die Autoren dieses Leitfadens ab und verzichten auf eine entsprechende Vorgabe/Empfehlung.

Es gibt jedoch die folgenden Mindestbestandteile, die in der Namenskonvention für Dateinamen enthalten sein sollten:

- Dokumenteninhalt
- Dokumententyp (vgl. Kapitel 3.2)
- Datum
- Version (vgl. **Abb. 4.10** im Abschnitt d. dieses Kapitels)

Ein angemessenes Beispiel könnte sein: „SAP-Berechtigungsmanagement_Betriebshandbuch_20210601_V2.1.1“

Auch zeigt die Praxiserfahrung, dass zu technische bzw. zu komplexe Dateinamenskonventionen in der Praxis oft nicht eingehalten werden.

Hinweis:
Dokumentenmanagementsysteme können dabei helfen, die Einhaltung der vorgegebenen Namenskonvention für IT-Dokumentenamen zu unterstützen oder sogar zu übernehmen.

b. Dokumenteneigenschaften

In den **Dokumenteneigenschaften**[93] werden vorgegebene Basisparameter wie bspw. Geltungsbereich, Autor und Bearbeitungsstatus eines Dokuments, hinterlegt. Sie dienen dazu, die IT-Dokumentation im Unternehmen einheitlich zu strukturieren/klassifizieren und die Verwendung sowie das Auffinden[94] von Informationen zu erleichtern.

Praxistipp:

Die Normen ISO 9001[95], ISO 22301, ISO/IEC 27001 und auch die BSI-Standards[96] können als Grundlage für die Identifikation geeigneter Dokumenteneigenschaften dienen.

In der Praxis hat sich die Vorgabe der folgenden Dokumenteneigenschaften bewährt:

- Eindeutige Bezeichnung/Titel
- Dateinamen
- Geltungsbereich
- Dokumentenklasse/Dokumententyp (vgl. Kapitel 3.2)
- Klassifizierung Vertraulichkeit
- Owner[97] und ggf. dessen Rolle
- Autor und ggf. dessen Rolle
- Bearbeitungsstatus
- Versionsnummer

---

93 In der Praxis werden Dokumenteneigenschaften gelegentlich auch als die „Metadaten eines Dokuments" bezeichnet. Neben den in diesem Abschnitt des Leitfadens genannten Dokumenteneigenschaften (bspw. Titel eines Dokuments) können Metadaten auch technische Informationen eines Dokuments abbilden, wie bspw. eingebettete Informationen über Softwarestand, Betriebssystem, Benutzerkennung des erstellenden Benutzers, Speicherpfad, Zeitstempel, Anzahl Seiten/Wörter und Druckeinstellungen, vgl. auch Greifeneder (2014), S. 94.

94 Laut einer Studie von McKinsey (2012) verbringen Mitarbeiter eines Unternehmens 19 % ihrer Zeit mit der Suche nach Informationen. Die Erfahrung der Autoren dieses Leitfadens zeigt, dass eine zielführende Hinterlegung der Dokumenteneigenschaften in IT-Dokumenten das Auffinden von Informationen in IT-Dokumenten signifikant beschleunigen kann.

95 Nach der ISO 9001 müssen Dokumente mindestens einen Ersteller, das Datum der Freigabe sowie einen Titel aufweisen.

96 Vgl. BSI-Standard 100-4 Notfallmanagement.

97 Owner und Autor können auch eine Person sein. In der Praxis sind Owner von Dokumenten jedoch oft die verantwortlichen Führungskräfte für jeweilige Themen/Fachgebiete, wohingegen die Autoren meist auf operativer Ebene angesiedelt sind.

- Angaben zu Qualitätssicherung und Freigabe[98]
- Kurzbeschreibung Änderungen ggü. Vorgängerversion (Änderungshistorie, vgl. Abschnitt f. dieses Kapitels)

Optional können weitere Dokumenteneigenschaften aufgenommen werden, bspw.:

- Verteilerkreis[99]
- Ablageort
- Aufbewahrungs- und Löschfrist
- Geplante nächste turnusmäßige Überarbeitung
- Quellenangaben
- Referenz auf relevante Gesetze/Regulatorik/interne Standards
- Kennzeichnung Relevanz für wiederkehrende Prüfungen/Zertifizierungen (vgl. hierzu den Hinweis unter der **Abb. 4.9**)
- Referenz auf abhängige Dokumentation
- Referenz auf betroffene Unternehmensprozesse

In **Abb. 4.9** wird ein Beispiel für die Darstellung der Dokumenteneigenschaften anhand der IT-Strategie eines Unternehmens gegeben.

98 Hierzu gehört auch, die jeweils qualitätssichernden/freigebenden Instanzen/Mitarbeiter zu nennen, um eine Nachvollziehbarkeit von Qualitätssicherung und Freigabe von IT-Dokumentation sicherzustellen (vgl. Beispiel in **Abb. 4.9**).

99 Ggf. kann es sinnvoll sein, einen Verteilerkreis zur Bereitstellung aktualisierter Versionen von IT-Dokumentation direkt im Dokument zu hinterlegen. Bspw. wird die aktualisierte IT-Strategie stets an die Geschäftsleitung und Führungskräfte eines Unternehmens verteilt.

Dokumenteneigenschaften

Titel	**IT-Strategie 2021**
Dateiname	IT-Strategie_2021_20210217_V1.0.1.docx
Ablageort	.../IT-Abteilung/Zentralablage IT-Doku/IT-Strategie/...
Geltungsbereich	Niederlassung Deutschland
Vertraulichkeit	Streng vertraulich
Dokumentenklasse	IT-Governance
Dokumententyp	Strategie
Owner (inkl.Rolle)	T. Sturm (Vorstand IT)
Nächste Überarbeitung	November 2021

Verteilerkreis und Referenzen

Verteilerkreis	**V_Führungskräfte_DE**
Abhängige Dokumente	IT-Leistungserstellungskonzept IT-Sicherheitskonzept IT-Infrastrukturübersicht Budgetplanung IT 2021
Relevante externe Vorgaben	ISO27001, BSI IT-Grundschutz Kompendium, ITIL 4

Verantwortlichkeiten

Rolle	Name	Organisationseinheit	Funktion
Autor	M. Hubert	IT-Abteilung	IT-Leiter
Autor	S. Müller	IT-Abteilung	stellv. IT-Leiter
Prüfer	C. Erich	Qualitätsmanagement	Qualitätsmanager
Prüfer	H. Gunther	IT-Abteilung	Abteilungsleiter IT-Governance
Freigeber	T. Sturm	Vorstandsabteilung	Vorstand IT

Änderungshistorie

Version	Status	Änderung	Autor	Datum	QS/Freigabe
0.1	Entwurf/ in Bearbeitung	Ersterstellung	M. Hubert	04.11.2020	-
0.2	Entwurf/ in Bearbeitung	Überarbeitung des Dokuments, Ergänzung Cloud Computing	S. Müller	19.11.2020	-
0.3	QS/ Freigabe	Einarbeitung Feedback aus QS, u. a. zu IT-Projekten 2021	M. Hubert	26.11.2020	**QS:** C. Erich, H. Gunther
1.0	Freigegeben/ aktiv	Veröffentlichung Strategie 2021	M. Hubert	17.12.2020	**Freigabe:** T. Sturm
1.0.1	Entwurf/ in Bearbeitung	Redaktionelle Überarbeitung KPI-Abschnitt	M. Hubert, S. Müller	17.02.2021	-

Abb. 4.9: Beispiel für die Dokumenteneigenschaften anhand einer IT-Strategie

Hinweis:
Bei Unternehmen mit wiederkehrenden externen Prüfungen und/oder Zertifizierungen kann es besonders sinnvoll sein, den Dokumenten in den Dokumenteneigenschaften ein entsprechendes Kennzeichen bezüglich ihrer Zuordnung zu den jeweiligen Prüfungen/Zertifizierungen zu geben.

So können für zukünftige Prüfungen erwartete Vorgabedokumente und Nachweise routinemäßig identifiziert und bereitgestellt werden. Zudem werden Autoren sowie an der Qualitätssicherung und Freigabe beteiligte Mitarbeiter an die hohe Bedeutung dieser gekennzeichneten IT-Dokumentation erinnert.

In der Praxis treten immer wieder folgende **Probleme** bei den Dokumenteneigenschaften auf:

- Fehlende/fehlerhafte Befüllung der Dokumenteneigenschaften
- Angaben zu Qualitätssicherung und Freigabe nicht nachvollziehbar
- Keine korrekte Einbindung der vorgesehenen Qualitätssicherungs- und Freigabeinstanzen
- Kein Nachvollzug durchgeführter Änderungen an der IT-Dokumentation

Beispiel

Chaos in der IT-Dokumentation

In einem Unternehmen werden die Befüllung und Pflege der Dokumenteneigenschaften als nicht wichtig angesehen. Trotz entsprechender Hinweise der QM-Abteilung konzentriert man sich lieber auf die fachlichen und technischen Inhalte der Dokumente. Umstrukturierungsmaßnahmen führen dazu, dass mehrere Teilbereiche der IT ausgelagert werden sollen.

Insbesondere da die eigenen IT-Mitarbeiter von diesen Maßnahmen nicht begeistert sind und es an deren Unterstützung fehlt, tut sich das Projektteam unglaublich schwer den Ist-Stand der relevanten IT-Themen zu erheben. Es ist unklar, welche Dokumentenstände aktuell sind, welche IT-seitig umgesetzt sind und welche sich in Bearbeitung befinden.

Als dann noch IT-Mitarbeiter kündigen, kann nur noch die Aufarbeitung der Sachverhalte durch umfangreichen Einsatz externer IT-Unternehmensberater gerettet werden. Eine stringente Pflege der Dokumenteneigenschaften hätte all dies vermeiden können.

Es ergeben sich folgende **Risiken** für Unternehmen:

- Nutzung falscher bzw. nicht freigegebener Dokumente führt zu weitreichenden Folgen (bspw. IT-Umsetzung falscher fachlicher Anforderungen)
- Aufgrund falscher Klassifizierung hinsichtlich Vertraulichkeit wird die Einsicht in IT-Dokumente für Unberechtigte möglich (Veröffentlichung von sicherheitsrelevanten Informationen)
- Besonders bei Störungen/Problemen/Notfällen/Krisen können Fehler in den Dokumenteneigenschaften die Auffindbarkeit und die Nutzung von IT-Dokumentation deutlich erschweren und Maßnahmen zur Wiederaufnahme des Geschäftsbetriebs signifikant verzögern

Für den Wirtschaftsprüfer erschweren falsche oder unvollständige Dokumenteneigenschaften die Prüfung und können ein Anlass für Missverständnisse und deutliche Mehraufwände sein. Der Wirtschaftsprüfer bekommt nur über Umwege (bspw. umfangreiche Rückfragen an den Mandanten) die notwendigen und gültigen Nachweise für seine Prüfung.

Insbesondere die falsche Zuordnung des Dokumententyps kann zu Missverständnissen und Problemen in der Prüfung führen. In der Praxis zeigt sich oft, dass unter einem bestimmten Dokumententyp üblicherweise erwartete Inhalte dann doch in anderen Dokumenten enthalten sind (bspw. wird eine Richtlinie zum Benutzerberechtigungsmanagement angefordert und stattdessen lediglich eine Prozessbeschreibung zur Berechtigungsvergabe geliefert, welche nur einen Bruchteil der relevanten Themen abdeckt).

Praxistipp:
Der Wirtschaftsprüfer sollte auf die Wichtigkeit der vollständigen und korrekten Erfassung der Dokumenteneigenschaften hinweisen, insbesondere auch zur Versionierung und zum Freigabestatus.

Um Missverständnisse in der Prüfung auszuschließen und Dokumentenanforderungen so zielgerichtet und überschaubar wie möglich zu halten, sollte zu Beginn ein gemeinsames Verständnis über die im Unternehmen definierten Dokumententypen (vgl. auch Einführung hierzu in Kapitel 3.2) geschaffen werden.

Insbesondere auch im Umfeld von Störungen, Problemen oder Notfällen in zeitkritischen Prozessen können korrekt erfasste Dokumenteneigenschaften essentiell sein, um die korrekten/notwendigen Informationen schnell zu identifizieren und handlungsfähig zu bleiben. Bei akutem Handlungsbedarf bleibt keine Zeit, mühsam die aktuellen Stände der IT-Dokumentation zu identifizieren/verifizieren.

c. Klassifizierung der Vertraulichkeit

Vertraulichkeitsstufen bei IT-Dokumentation dienen dazu, den Schutzbedarf der enthaltenen Informationen in Bezug auf das Schutzziel „Vertraulichkeit" zu bestimmen/vergeben und an bestimmte Zugriffsmöglichkeiten zu binden. In der Regel handelt es sich bei der Vergabe der Vertraulichkeitsstufen um einen manuellen Prozess. Üblicherweise verwendet man hierfür ein drei- bis vierstufiges Klassifizierungsschema (bei großen Unternehmen und spezifischem Geschäftsumfeld ggf. auch noch mehr Stufen). Weiterführende Hinweise findet man auch in der ISO/IEC 27001 Anhang A – A.8.2 Informationsklassifizierung[100] oder im BSI Standard 200–2 (zum Thema IT-Grundschutz-Methodik).

i

Hinweis:
Gängige Klassifizierungen zur Vertraulichkeit in der Praxis:

Die folgenden Vertraulichkeitsstufen haben sich aus der Sicht der Autoren dieses Leitfadens bewährt:

- Öffentlich
- Intern
- Vertraulich
- Streng vertraulich

100 U. a. A.8.2.1 Klassifizierung von Informationen, A.8.2.2 Kennzeichnung von Informationen, A.2.3 Umgang mit Assets.

Auf Grundlage der Vertraulichkeitsstufen wird auch geregelt, wie IT-Dokumentation gespeichert, übertragen und gelöscht wird.

Hinweis:
Exkurs: Typische streng vertrauliche Daten im Kontext der IT-Dokumentation

- Strategien
- Parametrisierungen im Umfeld der IT-Sicherheit (bspw. Firewall, Netzwerk, SIEM, Härtungskonzepte etc.)
- Dokumentation zu Eigenentwicklungen (Betriebsgeheimnisse)
- Dokumentation im Umfeld des Notfallmanagements

In der Praxis können folgende **Probleme** beim Umgang mit den Vertraulichkeitsstufen auftreten:

- Fehlende Vorgaben zur Vergabe von Vertraulichkeitsstufen für IT-Dokumentation
- Vorgabe zu feingranularer und schwer unterscheidbarer Vertraulichkeitsstufen
- Fehlende Einwertung konkreter IT-Dokumente bezüglich Vertraulichkeitsstufen
- Absichtliche Vergabe zu niedriger Vertraulichkeitsstufen (bspw. um erhöhte Anforderungen im Umgang mit entsprechender IT-Dokumentation zu umgehen)
- Einsatz von Vertraulichkeitsstufen nur im unternehmensinternen Umfeld, aber nicht für Dokumente mit/von externen Dienstleistern
- Dokumentenablage/Berechtigungskonzept orientiert sich nicht an vergebenen Vertraulichkeitsstufen (bspw. erfolgt die Ablage der gesamten IT-Dokumentation in einem Sammelordner, obgleich unterschiedlicher Vertraulichkeitsstufen)

Beispiel

Vertraulichkeitsklassifizierung ohne Wirkung

Ein mittelständisches Unternehmen mit hohem Digitalisierungsgrad setzt mehrere IT-Dienstleister sowohl zum externen Betrieb von Anwendungen als auch bei der Datenhaltung ein.

Da IT-Sicherheit eine große Bedeutung für das Unternehmen hat, erfolgen insbesondere im Umfeld der Netzwerkzonierung, Firewall-Konfiguration und Systemhärtung umfangreiche Maßnahmen. Die zugehörige IT-Dokumentation ist entsprechend umfangreich, wurde jedoch aufgrund fehlender Sensibilisierung der verantwortlichen Mitarbeiter lediglich mit der niedrigen Vertraulichkeit „intern“ klassifiziert.

Eine routinemäßige Überprüfung der internen Revision zur Ablage der IT-Dokumentation im Unternehmen ergibt, dass die gesamte IT-sicherheitsrelevante Dokumentation für alle Mitarbeiter frei zugänglich in den zentralen Ablageordnern für Unternehmensdokumentation zur Verfügung steht.

Die falsche Einwertung der Vertraulichkeitsklassifizierung der IT-sicherheitsrelevanten Dokumentation hätte dazu führen können, dass streng vertrauliche IT-Sicherheitseinstellungen durch Abzug unberechtigter Mitarbeiter (unbeabsichtigt oder sogar absichtlich) verbreitet und für folgenschwere Sabotage oder Angriffe genutzt werden.

Mängel in der Klassifizierung der Vertraulichkeit von IT-Dokumentation können zu folgenden **Risiken** führen:

- Veröffentlichung von Betriebsgeheimnissen, Verlust der Wettbewerbsfähigkeit
- Zu offen gefasste Vertraulichkeitsstufen führen zu umfangreicher Einsehbarkeit durch nicht berechtigte Mitarbeiter; Unberechtigte haben Zugriff auf vertrauliche Informationen (Potenzial für schwerwiegende Sicherheitsvorfälle aufgrund von Insiderinformationen)
- Zu streng eingewertete Vertraulichkeitsstufen beschränken die Einsehbarkeit in benötigte Dokumentationen und bieten das Risiko, dass Mitarbeiter nicht handlungsfähig sind (bspw. im Notfall)

Beispiel

Zu hoch vergebene Vertraulichkeitsstufen erschweren die tägliche Arbeit

In einem großen Metallbaubetrieb wird sämtliche im Rahmen eines IT-Projekts erstellte/überarbeitete IT-Dokumentation als „streng vertraulich“ klassifiziert, da es sich um starke Veränderungen der IT-Infrastruktur handelt, die nicht öffentlich bekannt werden sollen. Aufgrund der gewählten Vertraulichkeitsstufe sind auch weitreichende Sicherheitsmaßnahmen für diese Dokumentationen vorgesehen, welche jährlich zusätzliches Budget einnehmen. Zu diesen Sicherheitsmaßnahmen zählen ebenfalls starke Berechtigungsbeschränkungen und Verschlüsselungsmaßnahmen, welche die tägliche Arbeit mit der anzupassenden IT-Dokumentation sehr zeitaufwändig und unnötig komplex macht.

Mitarbeiter können auf die für ihre tägliche Arbeit benötigte IT-Dokumentation nur umständlich oder gar nicht zugreifen. Selbst redaktionelle Anpassungen/Weiterentwicklungen der IT-Dokumentation sind nicht ohne aufwändige Freigabe durch die Geschäftsleitung möglich, zumal dieser Freigabeweg im Unternehmen für „streng vertrauliche“ Dokumente gefordert wird.

Für den Wirtschaftsprüfer bedeuten falsch vergebene Vertraulichkeitsstufen, dass bestimmte IT-Dokumentation durch Unbefugte eingesehen werden kann und eventuell auch bearbeitbar ist. Eine damit bspw. einhergehende Gefährdung der IT-Sicherheit sollte in der Prüfung gewürdigt werden.

Falls andererseits die Vertraulichkeitsstufen zu hoch gewählt werden, kann es zu Herausforderungen in der Mandatsarbeit kommen, da Mitarbeiter selbst dem IT-Prüfer entsprechende Dokumente nicht oder nur über Freigabeverfahren unter Einbezug der Geschäftsleitung aushändigen möchten. Oft ist eine zusätzliche Sensibilisierung des Managements bezüglich der Mitwirkungspflichten inkl. Bereitstellung angeforderter Dokumente im Rahmen von Prüfungs- und Beratungsaufträgen notwendig.

Praxistipp: 

Die Einrichtung und Vergabe von Vertraulichkeitsstufen für einzelne Dokumente oder Dokumentenklassen/-typen wird in der Praxis oft vernachlässigt. Mitunter besteht kein richtiges Konzept, welches dem Mitarbeiter bei der Kategorisierung Hilfestellungen gibt. Umso wichtiger ist es, dass der Wirtschaftsprüfer bei – im Rahmen von Dokumentenbereitstellungen identifizierten – Unstimmigkeiten bezüglich der Vertraulichkeitsklassifizierung darauf hinweist. Dies gilt auch beim Umgang mit diesen Dokumenten, bspw. in Bezug auf das Versenden per unverschlüsselter E-Mail oder die Übergabe auf einem ungesicherten USB-Stick.

Einige Unternehmen haben im Rahmen der Datenschutzgrundverordnung DS-GVO und des Gesetzes zum Schutz von Geschäftsgeheimnissen (GeschGehG) bereits Vertraulichkeitsklassen definiert und intern veröffentlicht. Oftmals ist dies dem einzelnen Mitarbeiter aber noch nicht vollständig bewusst und die Anwendung in Bezug auf IT-Dokumentation wird nicht nachgehalten (bspw. während der Qualitätssicherung und Freigabe eines Dokuments).

Mitunter erfolgt auch eine Verwechslung von Vertraulichkeitsstufen und dem Verteilerkreis. Die Vertraulichkeitsstufe gibt den Schutzbedarf einer Information an, also beschäftigt sie sich auch mit dem potenziellen Schaden aus einer Veröffentlichung der Informationen, dagegen regelt der Verteilerkreis, wem proaktiv aktualisierte IT-Dokumentation bereitgestellt wird, um über Änderungen/Aktualisierungen zu informieren.

Die richtige Verwendung von Vertraulichkeitsstufen schützt nicht nur Informationen und IT-Dokumente, sondern hilft auch, das IT-Budget dahingehend zu senken, dass nicht die gesamte IT-Dokumentation mit besonders hoher Vertraulichkeit eingewertet wird, weniger technische Maßnahmen zur Sicherstellung der Vertraulichkeit notwendig sind und zudem tägliche Arbeitsabläufe durch unnötig hoch eingewertete Dokumente blockiert werden.

IT-gestützte Lösungen (bspw. ein toolbasierter Fragenkatalog) können dabei unterstützen, die vorgegebene Klassifizierung der Vertraulichkeit korrekt umzusetzen.

d. Versionierung/Versionsverwaltung

Ein unbeliebtes und zudem gern unterschätztes Thema ist die Versionierung von IT-Dokumentation. Die angemessene Versionierung ermöglicht die Kennzeichnung von Dokumenten hinsichtlich ihres Entwicklungsstadiums. Andere Benutzer werden über neue Stände der IT-Dokumente informiert und die Weiterentwicklung bleibt historisch nachvollziehbar. Bestenfalls nutzt der Mandant eine softwaretechnische Lösung (bspw. Dokumentenmanagementsystem oder Wiki), welche eine automatische Versionierung unterstützt. Die automatische Variante verfügt oftmals auch über eine Schutzfunktion, welche sicherstellt, dass immer nur eine Person Änderungen vornimmt, um eine ordentliche Versionierung zu gewährleisten (Einchecken/Auschecken). Hierdurch wird „Versionschaos" signifikant vermieden und alte Versionen werden gesichert.

Für eine korrekte Versionierung[101] gibt es kein unternehmensübergreifend anerkanntes, in der Praxis verbreitetes Regelwerk. Aus Sicht der Autoren dieses Leitfadens empfiehlt sich jedoch die folgende Logik:

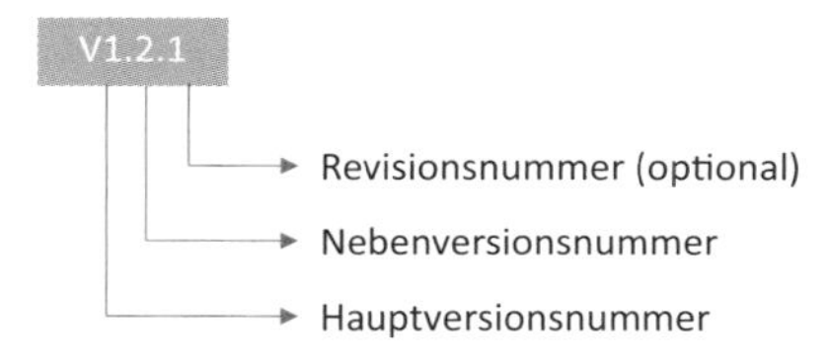

Abb. 4.10: Beispielhafte Logik für Versionierung

- **Hauptversionsnummer** zeigt besonders wesentliche Änderungen an, insbesondere die erste freigegebene Version oder eine wesentliche Überarbeitung (bspw. aufgrund wesentlicher neuer externer Anforderungen)
- **Nebenversionsnummer** zeigt kleinere Erweiterungen oder Änderungen am Dokument an
- **Revisionsnummer** (optional) zeigt kleinste Aktualisierungen oder redaktionelle Fehlerbehebungen am Dokument an

Gemeinsam mit neuen Dokumentenversionen werden üblicherweise auch Änderungshistorien bereitgestellt, vgl. hierzu Abschnitt f. dieses Kapitels.

[101] Versionierung kennt man auch aus dem Bereich der Softwareentwicklung, hier zeigt sie ebenfalls den Entwicklungsstand der Software an.

In der Praxis ergeben sich in Unternehmen oftmals folgende **Probleme**:

- Es gibt keine Versionierung von Dokumenten
- Versionierung erfolgt nicht nach einer bestimmten Vorgabe, Änderungen sind so nicht oder nicht leicht erkennbar
- Mitarbeiter arbeiten (versehentlich) in älteren Versionsständen, falsche Versionsstände gehen an Dritte und werden weiterverarbeitet (bspw. in Prüfungen)
- Es existieren unterschiedliche Dokumentenversionen mit identischer Versionsnummer

Hinweis:
Grundsätzlich ist eine manuelle Versionierung von IT-Dokumentation möglich, erfordert jedoch auch erhöhte Sorgfalt im Vergleich zu automatisierter Versionierung und geht mit erhöhter Fehleranfälligkeit einher. Bei der manuellen Variante wird eine tabellarische Übersicht von Änderungen erstellt und im Dokument „manuell" gepflegt (vgl. auch **Abb. 4.9**).

Probleme in der Dokumentenversionierung können zu folgenden **Risiken** für Unternehmen führen:

- Dokumentation entspricht nicht den aktuellen fachlichen/technischen Vorgaben bzw. Umsetzungsständen
- Falsche Informationen werden verbreitet und ggf. auch angewendet
- Falsche fachliche Anforderungen werden in IT-Systeme umgesetzt
- Bei Störungen/Problemen/Notfällen ist das Unternehmen stark beeinträchtigt bzw. nicht handlungsfähig
- Frust der Mitarbeiter durch Mehraufwand aufgrund von „Versionschaos" kann insgesamt zu weiterer Vernachlässigung der IT-Dokumentation führen

Für den Wirtschaftsprüfer geht mit schlechter/fehlender Versionierung auch eine große Herausforderung für seine Prüfungstätigkeit einher. Insbesondere bei Unklarheiten, welche Dokumentenversionen zu welchem Zeitpunkt gültig waren, kann sogar die Gültigkeit der Dokumente als Prüfungsnachweise infrage stehen.

Praxistipp:
Um eine angemessene Versionierung zu gewährleisten, sollte bei relevanten Dokumenten, soweit möglich, die automatische Funktionalität eines DMS/Wiki genutzt werden. So kann im Bedarfsfall stets eine zum jeweiligen Betrachtungszeitpunkt aktuelle/korrekte und nachvollziehbare Version herangezogen werden, die zudem nicht oder nur kontrolliert verändert werden kann.

Eng verknüpft mit der Versionierung ist auch der Bearbeitungsstatus eines Dokuments.

e. Bearbeitungsstatus

Der Bearbeitungsstatus legt fest, in welcher Phase des Dokumentenlebenszyklus sich ein Dokument befindet. In der nachfolgenden Tabelle werden exemplarisch die in der Praxis geläufigen Bearbeitungsstatus dargestellt, die auch mit dem in diesem Leitfaden gewählten Dokumentenlebenszyklus und dessen Phasen übereinstimmen:

Status	Erklärung
Entwurf/ in Bearbeitung	Dokumente können in diesem Status nur von den bearbeitenden Mitarbeitern geändert werden. Bei Nutzung eines DMS/Wiki können diese meist nur die Autoren selbst einsehen.
Qualitätssicherung/ Freigabe	Im Status Qualitätssicherung/Freigabe können mehrere zugewiesene Personen gleichzeitig auf das Dokument zugreifen, um den Inhalt zu prüfen und anschließend freizugeben.
Freigegeben/ aktiv	Ist ein Dokument freigegeben, kann jeder Benutzer mit entsprechender Berechtigung auf dieses Dokument zugreifen. Dies entspricht dem jeweils gültigen Stand, der im Unternehmen im Tagesgeschäft herangezogen und eingehalten wird.
Abgelöst/ archiviert	Status für Vorgängerversionen (niedrigere Versionsnummern) von Dokumenten oder auch für vollständig abgelöste Dokumente.

Abb. 4.11: Möglicher Bearbeitungsstatus eines Vorgabedokuments

Besonders wichtig sind klare Regelungen und Kriterien zum Übergang von einem zum nächsten Bearbeitungsstatus eines Dokuments (häufig als „Bearbeitungsworkflow“ eines Dokuments bezeichnet). Vergleiche hierzu auch Details zur Qualitätssicherung/Freigabe in Kapitel 4.2.2.

Die zuletzt freigegebene Version eines Dokuments ist stets so lange aktiv, bis sie durch eine neue freigegebene Version eines Dokuments ersetzt wird oder das Dokument vollständig abgelöst wird. Für die Nutzung im operativen Tagesgeschäft darf nur IT-Dokumentation im Bearbeitungsstatus „Freigegeben/aktiv“ herangezogen werden. Vergleiche hierzu auch den Praxistipp in diesem Abschnitt.

Folgende **Probleme** können in der Praxis bezüglich des Bearbeitungsstatus auftreten:

- Keine einheitliche Regelung zur Vergabe des Bearbeitungsstatus
- Vorgabe zu vieler/feingranularer Bearbeitungsstatus
- Keine Aktualisierung des Bearbeitungsstatus
- Keine klaren Regelungen zum Übergang zwischen den einzelnen Bearbeitungsstatus

Aus diesen Problemen können folgende **Risiken** entstehen:

- Anwendung nicht qualitätsgesicherter und freigegebener IT-Dokumentation im Tagesgeschäft
- IT-technische Umsetzung nicht freigegebener Anforderungen führt zu Fehlern und/oder Ausfällen der rechnungslegungsrelevanten Systeme

Wie die unangemessene Versionierung können auch Probleme bezüglich korrekter Pflege des Bearbeitungsstatus eine große Herausforderung für den Wirtschaftsprüfer darstellen. Das Heranziehen nicht freigegebener Dokumente als Prüfungsnachweise kann ebenfalls zu Problemen führen.

Praxistipp:
In der Praxis findet man häufig sehr gute IT-Dokumentationsstände, die zum Zeitpunkt der Einrichtung eines bestimmten IT-Systems oder eines Prozesses angelegt wurden. Die Schwierigkeit dabei ist oft, dass Dokumente nicht mehr weiter aktualisiert werden oder

sich schon seit Jahren in der Aktualisierungsphase befinden. Der Anpassungsbedarf wird zwar meist durchaus gesehen und es wird auch damit begonnen; aufgrund der Vielzahl von Anpassungen und daran beteiligten Unternehmenseinheiten schaffen es die Dokumente jedoch nicht mehr aus dem Status „Entwurf/in Bearbeitung" heraus zu einer qualitätsgesicherten/freigegebenen Version.

Dies bedeutet für den Prüfer, womöglich kein aktuell gültiges Dokument für die Prüfung heranziehen zu können, da der zuletzt freigegebene Stand deutlich veraltet und der neue Stand noch in Bearbeitung und nicht freigegeben ist. Deswegen ist es wichtig, den Mandanten dahingehend zu sensibilisieren, einen regelmäßigen Review der IT-Dokumentation hinsichtlich des Bearbeitungsstatus vorzunehmen.

f. Kurzbeschreibung Änderungen ggü. Vorgängerversion (Änderungshistorie)

Änderungen oder Ergänzungen in Dokumenten gegenüber der Vorgängerversion sollten ersichtlich und schnell für den Leser erkennbar sein. Dazu empfiehlt es sich grundsätzlich, die durchgeführten Änderungen kurz und präzise zu beschreiben.

In ausgewählten Fällen wie bspw. Änderungen einzelner Parameter innerhalb von IT-Dokumenten (Aufnahme neuer Prozessschritte, Anpassung einzelner Customizing-Einstellungen, Ergänzung neuer Anforderungen aufgrund regulatorischer Änderungen etc.) empfiehlt es sich auch, diese direkt im Dokument kenntlich zu machen. Dies kann bspw. durch gesonderte Absätze und/oder auch farbliche Markierung erfolgen. Leser und Adressaten der geänderten IT-Dokumentation werden so explizit auf die Aktualisierungen aufmerksam gemacht.

In der Praxis können folgende **Probleme** auftreten:

- Keine Pflege der Änderungshistorie
- Wenig bis nicht aussagekräftige Beschreibung der Änderungen

Praxistipp:
In der Praxis findet man nur allzu oft Änderungshistorien mit Änderungsbeschreibungen wie bspw. „Aktualisierung Dokument“, „Anpassung Funktionen“ oder auch „neue Version“. Diese sind nur wenig bis gar nicht aussagekräftig und sollten konkretisiert werden.

All das kann zu dem **Risiko** führen, dass aufgrund schlechter/aufwändiger Auffindbarkeit der Änderungen (bspw. einzelne angepasste IT-Parametrisierungen) diese in der weiteren Verarbeitung übersehen bzw. nicht berücksichtigt werden.

Änderungshistorien können gerade für den Wirtschaftsprüfer von signifikanter Bedeutung sein, bspw. um unterjährige Änderungen oder auch Änderungen im Vergleich zu vergangenen Prüfungen nachzuvollziehen. Von besonderer Bedeutung kann dies auch zum Nachvollzug geeigneter Maßnahmen zur Abarbeitung von Prüfungsfeststellungen sein.

Praxistipp:
Zwischenfazit zur Phase 1: Erstellung/Aktualisierung von IT-Dokumenten

– Konsistente Pflege der Dokumenteneigenschaften als Kernvoraussetzungen

In der Praxis wird die Pflege der Dokumenteneigenschaften (bspw. Versionierung, Bearbeitungsstatus und Änderungshistorie) oft nur stiefmütterlich behandelt. Dies kann signifikante Auswirkungen sowohl hinsichtlich vermeidbarem Mehraufwand in der weiteren Aktualisierung von IT-Dokumenten als auch zu vermeidbaren Störungen im operativen IT-Betrieb haben (bspw. falls Parameter oder Abläufe aus veralteter Dokumentation umgesetzt werden).

4.2.2 Phase 2: Qualitätssicherung/Freigabe

Um einerseits hohe Qualität und Ordnungsmäßigkeit der IT-Dokumentation sicherzustellen und andererseits klar festzulegen, mit welchen exakten Versionen der Dokumente gearbeitet werden soll, nehmen

Qualitätssicherungs- und Freigabeschritte eine zentrale Rolle im Dokumentenlebenszyklus ein.

Die Abbildung **Abb. 4.4** in Kapitel 4.1.4 stellt die prozessuale Einbindung von Qualitätssicherung und Freigabe beispielhaft dar.

a. Qualitätssicherung

Die Qualitätssicherung eines Dokuments soll neben Angemessenheit der fachlichen/technischen Anforderungen auch die Übereinstimmung mit rechtlichen/regulatorischen sowie unternehmensinternen Vorgaben sicherstellen. In die Qualitätssicherung von Dokumenten sollten die wichtigsten Stakeholder der jeweiligen Themen eingebunden werden. Bei workflowbasierten Dokumentenmanagementtools können diese auch technisch hinterlegt werden:

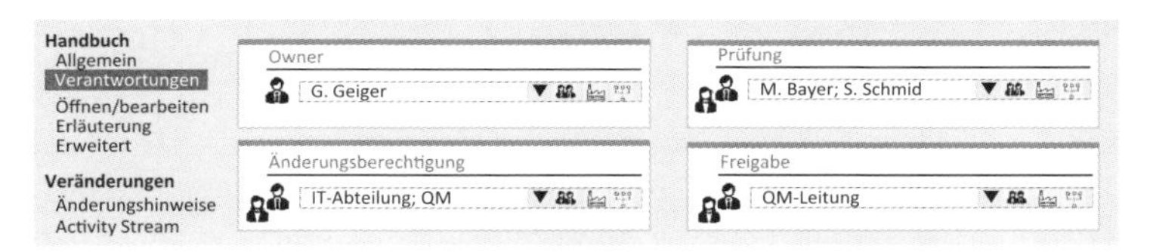

Abb. 4.12: Beispielhafte toolbasierte Einbindung Stakeholder in Qualitätssicherung

Bei der Qualitätssicherung von Dokumenten kann es zu folgenden **Problemen** kommen:

- Fehlende Vorgabe von Prüfkriterien
- Zu späte Einbindung der prüfenden Einheiten macht die Umsetzung/ Einarbeitung von Anmerkungen vor der Freigabe ggf. gar nicht mehr möglich
- Dokumente werden vom Autor selbst geprüft (Selbstprüfung)
- Dokumente werden durch einen fachlich nicht versierten Mitarbeiter geprüft, der sich nicht mit dem Prozess oder den Anforderungen auskennt
- Es wird nicht ausreichend Zeit für die Prüfung der Dokumente eingeplant („Pro-forma-Prüfung")

Die Risikobetrachtung und Auswirkung für den Wirtschaftsprüfer wird gesammelt für Qualitätssicherung und Freigabe im Abschnitt b. dargestellt.

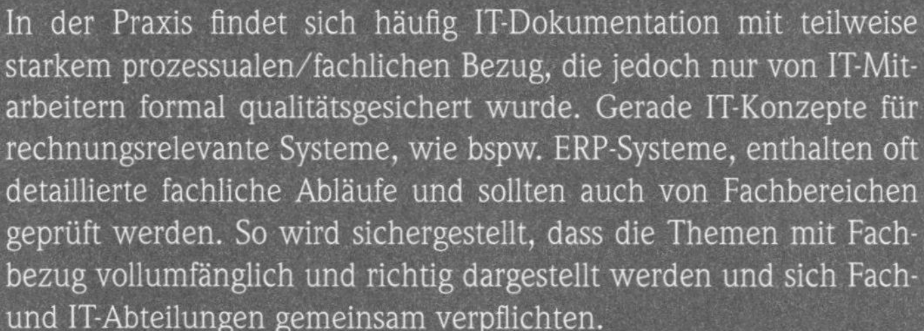

Praxistipp:
In der Praxis findet sich häufig IT-Dokumentation mit teilweise starkem prozessualen/fachlichen Bezug, die jedoch nur von IT-Mitarbeitern formal qualitätsgesichert wurde. Gerade IT-Konzepte für rechnungsrelevante Systeme, wie bspw. ERP-Systeme, enthalten oft detaillierte fachliche Abläufe und sollten auch von Fachbereichen geprüft werden. So wird sichergestellt, dass die Themen mit Fachbezug vollumfänglich und richtig dargestellt werden und sich Fach- und IT-Abteilungen gemeinsam verpflichten.

Ein Einarbeiten der Fachbereiche in rein technische Konzepte ist in den meisten Fällen weder notwendig noch zielführend. Bei IT-Dokumentation an der Schnittstelle zwischen IT- und Fachbereich kann die Einbindung der Fachbereiche jedoch äußerst sinnvoll sein.

b. Dokumentenfreigabe

Mit der Freigabe werden Dokumente zur Veröffentlichung und aktiven Nutzung im Unternehmen autorisiert. Im Unterschied zur Qualitätssicherung erfolgt die Freigabe durch einen meist sehr kleinen, dafür berechtigten Personenkreis.

Hinweis:
In der Praxis hat sich bewährt, eine zentrale Vorgabe bezüglich der zur Freigabe berechtigten Mitarbeiter zu machen, bspw. mindestens der Owner des jeweiligen Dokuments zuzüglich einer neutralen QS-Instanz.

Eine tool-/workflowbasierte Freigabe hat sich in der Praxis als Best-Practice durchgesetzt, wie in der folgenden Abbildung beispielhaft dargestellt:

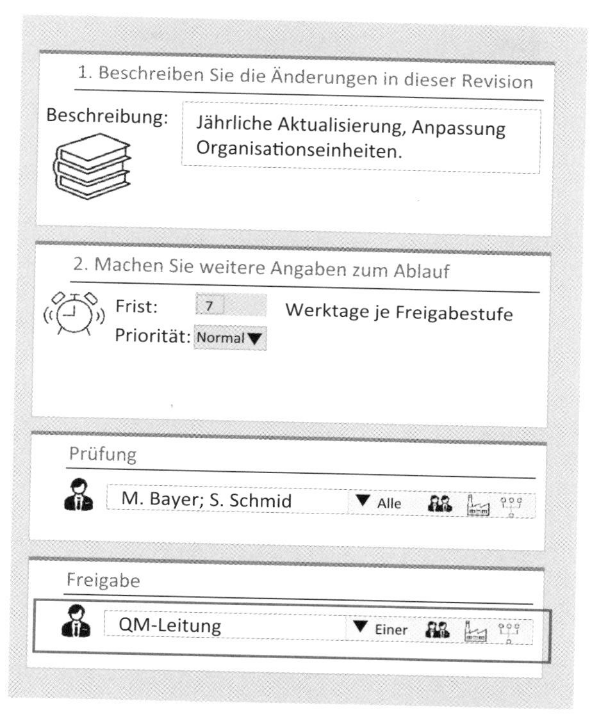

Abb. 4.13: Beispielhafte toolbasierte Freigabe von IT-Dokumentation

Bei der Dokumentenfreigabe stößt man häufig auf folgende **Probleme**:

- Freigaben erfolgen durch den Autor oder Prüfer (fehlende Funktionstrennung, oftmals aufgrund eines Mangels an zusätzlichen Personen)
- Freigaben erfolgen nicht durch den zur Freigabe definierten Verantwortlichen für dieses Dokument
- Freigeber gibt frei, ohne eine Überprüfung durchzuführen
- Dokumente an der Schnittstelle zwischen Fachbereich und IT werden nur von einer Partei freigegeben

Aus einem fehlerhaften oder unvollständigen Qualitätssicherungs- und Freigabeprozess ergeben sich für Unternehmen folgende **Risiken**:

- Dokumente sind unvollständig oder enthalten signifikante Fehler, die wiederum zu fehlerhaften Abläufen und/oder Implementierungen in IT-Systemen führen können
- Reibungsverluste im Tagesgeschäft, insbesondere zwischen Fachbereich und IT
- Ggf. keine Verwertbarkeit der Dokumentation in Prüfungen durch bspw. den Wirtschaftsprüfer
- Ggf. Verlust bestimmter Zertifizierungen mangels freigegebener IT-Dokumentation

Auch für den Wirtschaftsprüfer kann eine fehlende Qualitätssicherung und Freigabe von IT-Dokumentation eine wesentliche Herausforderung darstellen. Nicht qualitätsgesicherte und freigegebene Dokumente können darauf hindeuten, dass diese ggf. keine organisatorische Beachtung im Unternehmen finden[102] und/oder auch nicht in den IT-Systemen implementiert sind. Dies kann auch definierte Kontrollen und ihre Wirksamkeit infrage stellen. Eine vollständige Aufbauprüfung der IT eines Unternehmens ist so für den Wirtschaftsprüfer ohne freigegebene IT-Dokumentation schwierig umzusetzen bzw. mit deutlichem Mehraufwand verbunden.

i

Hinweis:
In der Praxis hat sich bewährt, die Qualitätssicherung und Freigabe neben inhaltlicher fachlicher/technischer Prüfung auch anhand einer vordefinierten formalen Checkliste inkl. Prüfkriterien durchzuführen, welche auch die Basisanforderungen des Unternehmens an dessen IT-Dokumentation enthält (bspw. Befüllung der Dokumenteneigenschaften).

Dokumentenmanagementsysteme können dabei unterstützen, Prüfkriterien im Rahmen von Qualitätssicherung und Freigabe abzufragen und zu dokumentieren.

Bei größeren Unternehmen gibt es zudem oft eigene QS-/QM-/Dokumentationsabteilungen, die routinemäßig in den Qualitätssicherungsprozess eingebunden werden.

[102] Auswertungen der Praxis zeigen, dass gute IT-Dokumentation wesentlich dazu beiträgt, dass Vorgaben zur IT-Compliance bzw. zugehörige Maßnahmen durch Mitarbeiter eingehalten werden (vgl. auch u. a. Hoffjan/Winter/Bartosch (2021), S. 430).

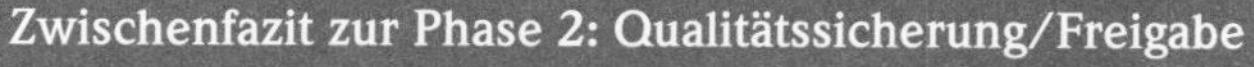

Praxistipp:
Zwischenfazit zur Phase 2: Qualitätssicherung/Freigabe

– Sicherstellung der Korrektheit und Gültigkeit der IT-Dokumentation

Angemessene Qualitätssicherungs- und Freigabeverfahren stellen sicher, dass inhaltlich und formal korrekte und gezielt in Kraft gesetzte IT-Dokumentation etabliert wurde.

Der Wirtschaftsprüfer sollte in einer Abschlussprüfung bei der Prüfung der IT-Dokumentation unbedingt darauf hinweisen und konsequenterweise nur qualitätsgesicherte/freigegebene Dokumente in seine Bewertung mit einfließen lassen.

In der Praxis wird häufig beobachtet, dass langfristig/dauerhaft im Tagesgeschäft mit Entwurfsversionen gearbeitet wird und diese Dokumente es nie zur formalen Freigabe schaffen. Spätestens wenn derartige Entwurfsversionen als Prüfungsnachweise dem Wirtschaftsprüfer bereitgestellt werden, muss dieser seine Mandanten für die Thematik sensibilisieren und das Unternehmen zu einer routinemäßigen Qualitätssicherung und Freigabe der IT-Dokumentation auffordern.

4.2.3 Phase 3: Veröffentlichung/Nutzung

Die Phase Veröffentlichung und Nutzung von IT-Dokumentation adressiert Fragestellungen, die beim Umgang mit bereits freigegebenen Dokumenten in der Praxis beachtet werden müssen.

a. Ablagestruktur und Dokumentensuche

Grundlage für die angemessene Nutzung von IT-Dokumentation im Tagesgeschäft bildet die Ablage in einer nachvollziehbaren Ablagestruktur. Dies kann sowohl auf den unternehmenseigenen Laufwerken erfolgen als auch in einem Dokumentenmanagementsystem (DMS).

In Unternehmen kann es bezüglich der Ablagestruktur folgende **Probleme** geben:

- Ablage der IT-Dokumentation ohne Struktur („Dokumentenfriedhof“)
- Dezentrale Ablage bzw. keine rasche/komfortable Verfügbarkeit für alle Mitarbeiter
- Es wird keine Suchmöglichkeit geboten

Ein Mangel an Vorgaben zur Ablage bzw. fehlende Transparenz kann dazu führen, dass die Mitarbeiter die IT-Dokumentation nicht richtig ablegen können und nicht nach den Dokumenten gesucht werden kann. Hieraus ergibt sich das **Risiko**, dass mit falschen oder veralteten Dokumenten gearbeitet wird und diese bspw. in IT-Systeme überführt werden.

Auch der Wirtschaftsprüfer hat Interesse daran, dass eine effektive Ablagestruktur für IT-Dokumentation beim Mandanten vorliegt, zumal hierdurch meist eine deutlich schnellere und fehlerfreiere Bereitstellung von Prüfungsnachweisen ermöglicht wird.

Praxistipp:
Die Ablagestruktur für IT-Dokumentation sollte immer so einfach und transparent wie möglich und für alle Mitarbeiter nachvollziehbar sein. In den meisten Anwendungsfällen empfiehlt sich zudem eine zentralisierte Ablage der IT-Dokumentation. Ein DMS-System kann die Ablage wesentlich professionalisieren und vereinfachen.

b. Berechtigungsmanagement

Ein ausgereiftes Berechtigungsmanagement nicht nur für die IT-Systeme eines Unternehmens, sondern auch für dessen IT-Dokumentation ermöglicht eine effektive Steuerung des Dokumentenzugriffs. So erst können Anforderungen an den Schutzbedarf der IT-Dokumentation gewährleistet werden. Sowohl Vertraulichkeit (Schutz von nicht berechtigtem Zugriff) als auch Integrität (Schutz vor unberechtigter Veränderung) werden durch das Berechtigungsmanagement für die IT-Dokumentation sichergestellt[103].

[103] Eine Einführung in die Thematik des Schutzbedarfs bzw. der Schutzziele findet sich in Kapitel 3.7.

Für Unternehmen können folgende **Probleme** auftreten:

- Es gibt kein Berechtigungsmanagement für IT-Dokumentation
- Berechtigungen werden nicht für die jeweiligen Dokumente festgelegt (jeder Mitarbeiter kann alles einsehen oder sogar ändern)
- Berechtigungen gelten nur für interne Dokumente und nicht für externe Dokumente
- Berechtigungen werden bei Wechsel innerhalb des Unternehmens oder Austritt nicht entzogen (remote ist dann ggf. weiterhin ein Zugriff auf die Dokumente möglich)
- Dokumentenabzug wird ermöglicht (Mitarbeiter horten vertrauliche IT-Dokumentation des Unternehmens in eigenen ungeschützten Bereichen/Laufwerken, teilweise auch außerhalb des Unternehmens)
- Berechtigungen in Bezug auf IT-Dokumentation werden nicht regelmäßig überprüft (fehlender User Review)
- Privilegierte Nutzer (bspw. Administratoren) haben weitreichenden Zugriff auf die vertrauliche oder wichtige Dokumentation im Unternehmen
- Auch zu restriktiv vergebene Berechtigungen bezüglich Dokumentenzugriff können kontraproduktiv sein: Mitarbeitern wird der Zugriff auf dringend benötigte IT-Dokumentation erschwert.

Beispiel

Wirtschaftsprüfer entdeckt Mängel im Berechtigungsmanagement von IT-Dokumentation

Ein mittelständisches Unternehmen verzichtet auf den Einsatz eines Dokumentenmanagementsystems sowie ausgeprägte Berechtigungsstrukturen für die Ablage der IT-Dokumentation. Stattdessen wurden organisatorische Regeln zum Umgang mit der Änderung und Ablage der Dokumente erlassen.

Im Rahmen der IT-Prüfung des Wirtschaftsprüfers erfolgt eine umfangreiche Dokumentenanforderung. Dem Wirtschaftsprüfer fällt bei der Einsicht in die ihm bereitgestellten IT-Dokumentation auf, dass mehrere – im Rahmen eines Abstimmtermins zur Dokumentenanforderung – kürzlich abgegebene Hinweise bezüglich des Mindestinhalts der jeweiligen IT-Dokumente unmittelbar in diesen umgesetzt waren. Rücksprache mit mehreren Ownern der Dokumente ergibt, dass diese die jüngsten Änderungen noch gar nicht kennen bzw. nachvollziehen können.

Offensichtlich hat der mit der Dokumentenbereitstellung betraute Mitarbeiter versucht, alle seitens des Wirtschaftsprüfers adressierten Punkte unmittelbar in die Dokumente aufzunehmen. Durch diesen Vorfall wurde aufgedeckt, dass die IT-Dokumentation des Unternehmens keinem Berechtigungsmanagement unterliegt und die Integrität der Inhalte nicht sichergestellt werden kann.

Daraus resultieren folgende **Risiken**:

- Unberechtigter Zugriff auf vertrauliche IT-Dokumentation
- Ungewollte und ggf. auch unbemerkte Änderung/Manipulation/Löschung von Inhalten
- Folgeschäden an den IT-Systemen durch fehlerhafte Implementierungen bzw. Änderung der Abläufe des Unternehmens
- Bei zu restriktiver Rechtevergabe: Nichteinhaltung von Vorgaben mangels Zugriff auf entsprechende IT-Dokumentation

Für den Wirtschaftsprüfer bedeutet ein fehlendes Berechtigungsmanagement für IT-Dokumentation ggf. keine Prüfungssicherheit bezüglich der angeforderten Nachweise. Zudem besteht das Risiko, dass unbefugte Änderungen oder Manipulationen an den IT-Systemen des Unternehmens durchgeführt werden konnten und umfangreiche weitere Prüfungshandlungen notwendig sind.

Praxistipp:
Eine bewusste Vergabe der Berechtigungen auch für IT-Dokumentation im Unternehmen sollte im Rahmen des Berechtigungsmanagements Beachtung finden. Auch wenn kein gesondertes System für die Dokumentensteuerung verwendet wird, sollten Berechtigungen auf Laufwerks-/Ordnerebene implementiert und entsprechend nachgehalten werden. Ein DMS-System kann die Berechtigungsvergabe der IT-Dokumentation deutlich vereinfachen.

c. Kommunikation und Schulung zu IT-Dokumentation

Erst eine angemessene Kommunikation zu neuer/geänderter IT-Dokumentation stellt sicher, dass diese auch unternehmensweit bei den betroffenen Mitarbeitern bekannt ist und Einsatz findet. Dies kann sowohl über die Unternehmensorganisation (bspw. in Teammeetings) als auch durch Intranet-Meldungen, Wiki-Beiträge etc. erfolgen.

Zudem sollten wesentliche Änderungen an der IT-Dokumentation auch in entsprechende Schulungen einfließen. Bei besonders wesentlichen Änderungen können auch anlassbezogene Schulungen notwendig sein (bspw. Umstrukturierung eines Großteils der IT-Dokumentation eines Unternehmens im Rahmen der ITIL-Einführung für das IT-Servicemanagement).

Praxistipp:
Möglichkeiten für mehr Akzeptanz der IT-Dokumentation:

- Sicherstellung eines „Tone from the Top", um den Rückhalt einer Dokumentationskultur zu schaffen
- Aufbau und Stärkung einer Dokumentationskultur im Unternehmen durch Förderung von Dokumentationsaktivitäten
- Schulungen zu bestehender und neuer Dokumentation
- Einbezug aller Stakeholder in den Aufbau von IT-Dokumentation („IT-Dokumentation geht alle etwas an")

Hinweis:
Mögliche Formen von Schulungen, in denen IT-Dokumentation adressiert werden kann:

- Regelmäßige Compliance-Schulungen
- Softwareschulungen zum Dokumentenmanagementsystem (DMS)
- Seminar QM-Dokumentation
- Vorbereitungen auf Erarbeitung von Managementsystemen nach dem ISO Standard und Zertifizierungen
- Schulungen im Vorfeld zum Go-Live neuer IT-Systeme

Bei Unternehmen kommt es in diesem Zusammenhang oftmals zu folgenden **Problemen**:

- Selbst bei großen Projekten/Anpassungen im Unternehmen wird in Schulungen der IT-Dokumentation lediglich ein geringer Stellenwert eingeräumt („letzten fünf Minuten vor der Pause")
- Inflationäre/unpriorisierte Intranet-Meldungen zu jeder geänderten IT-Dokumentation anstelle qualitativer Hinweise zur Relevanz geänderter Dokumentation
- Kommunikation und Schulungen erreichen nicht die Mitarbeiter oder vermitteln nicht die gewünschten Verhaltensweisen
- Schulungstermine sind nicht für jeden besuchbar (örtlich/zeitlich) und es werden keine Alternativen geboten (bspw. Onlinetraining)

Hieraus resultieren folgende **Risiken**:

- Fehlende Kenntnisnahme der Mitarbeiter geänderter IT-Dokumentation führt zu fehlerhaften Abläufen und/oder technischer Umsetzung in IT-Systemen
- Systematische und selbstverschuldete, geringe Awareness der Mitarbeiter für IT-Dokumentation

Praxistipp:
Der Wirtschaftsprüfer sollte eine proaktive Kommunikation zu neuer und geänderter IT-Dokumentation bei seinen Mandanten anregen. Auch sollte im Rahmen regelmäßiger Schulungen auf die Bedeutung der im Unternehmen etablierten Dokumentation hingewiesen werden.

Die fehlende Kenntnis/Awareness der Mitarbeiter zur IT-Dokumentation kann auch negative Auswirkung auf das Prüfungsergebnis des Wirtschaftsprüfers haben, falls bspw. neue Vorgaben im Tagesgeschäft nicht eingehalten werden.

Praxistipp:
Zwischenfazit zur Phase 3: Veröffentlichung/Nutzung

– Sicherstellung der Nutzung von neuer/geänderter IT-Dokumentation nach deren Freigabe

IT-Dokumentation muss für alle beteiligten Stakeholder transparent und nutzbar sein (hierzu gehören auch externe Dienstleister).

Um die Nutzbarkeit zu ermöglichen/fördern, müssen die Dokumente dem berechtigten Adressatenkreis (und nicht darüber hinaus) in strukturierter Form und gut auffindbar bereitgestellt werden. Proaktive Kommunikation und Berücksichtigung in Schulungen fördert die Nutzung der IT-Dokumentation ungemein.

4.2.4 Phase 4: Archivierung/Löschung

Die letzte Phase des Dokumentenlebenszyklus adressiert die Zeit nach Ablauf der Gültigkeit einer bestimmten IT-Dokumentation. Entweder das Dokument muss aufgrund von gesetzlichen und regulatorischen Anforderungen für eine bestimmte Zeit archiviert werden oder es muss aus gleichen Gründen nach einer bestimmten Zeit oder bei Wegfall des zugehörigen Zwecks gelöscht werden.

a. Archivierung

Die Archivierung dient dazu, „die Unveränderbarkeit, langfristige Wiederauffindbarkeit, die Wiedergabefähigkeit und jederzeitige Verfügbarkeit eines Dokuments“[104] sicherzustellen.

Die mitunter verbreitete Ansicht, dass nicht mehr gültige IT-Dokumentation auch nicht mehr vorgehalten werden muss, bewahrheitet sich nicht. Vergleiche hierzu auch die in Kapitel 4.1.5 dargestellten Aufbewahrungsfristen.

Beispiel

Im Rahmen eines großen IT-Projekts erfolgt die unterjährige Umstellung der Prozesse und IT-Systeme eines Unternehmens.

Der Wirtschaftsprüfer fordert im Rahmen der IT-Prüfung die im gesamten Prüfungszeitraum gültige IT-Dokumentation an. Aufgrund angemessen ausgestalteter Archivierungsvorgaben können die Nachweise lückenlos erbracht werden und der Wirtschaftsprüfer

[104] Reiss/Reiss (2019), S. 305.

kann sich von der Angemessenheit über den gesamten Prüfungszeitraum hinweg überzeugen.

Für Unternehmen treten in der Praxis häufig folgende **Probleme** auf:

- Fehlende Archivierungsstrategie/keine Berücksichtigung der IT-Dokumentation im Rahmen der Archivierungsvorgaben
- Verwendung des falschen Langzeitspeichermediums (begrenzte Haltbarkeit, fehlender Berechtigungsschutz etc.)
- Fehlende Revisionssicherheit des eingesetzten Archivierungsverfahrens
- Keine angemessene Beachtung der aufbewahrungspflichtigen Dokumentationen bei System-/Datenmigrationen
- Probleme bei der Sicherung spezifischer Daten (bspw. Spezialformate, Datenbanken, Programminhalte)
- Fehlende Verschlüsselung oder Verlust des Schlüssels
- Unvollständige Archivierung aufgrund dezentraler Ablage in einzelnen Unternehmensbereichen/-laufwerken

i

Hinweis:
Geeignete Toolunterstützung bspw. durch ein DMS kann die Archivierung von IT-Dokumentation automatisieren und deutlich vereinfachen.

Probleme im Umfeld der Archivierung von IT-Dokumentation können zu folgenden **Risiken** führen:

- Gesetzliche und regulatorische Anforderungen werden nicht eingehalten und ggf. werden Strafen fällig (bspw. Betriebsprüfung)
- Bei Verlust bestimmter Dokumente kann auf diese nicht mehr zugegriffen werden und vergangene Sachverhalte können nicht mehr rekonstruiert werden
- Kein Nachvollzug geänderter Verfahren/Vorgaben/Nachweise auch bspw. gegenüber prüfenden Einheiten

Praxistipp:
Die Archivierung von IT-Dokumentation sollte unbedingt Bestandteil eines entsprechenden unternehmensweiten Archivierungskonzepts sein.

b. Löschung

Die Löschung von Dokumenten kann aufgrund von gesetzlichen Anforderungen (üblicherweise Datenschutz) notwendig sein oder unternehmensintern gefordert werden (bspw. zum Aussortieren alter IT-Dokumentation und zur Freigabe von Speicherplatz). Üblicherweise erfolgt die Löschung nach Ablauf der Archivierungsfristen (vgl. Kapitel 4.1.5).

Für Unternehmen kann die Löschung von IT-Dokumentation zu folgenden **Problemen** führen:

- Löschungen werden nicht gemäß den gesetzlichen Vorgaben vorgenommen
- Löschprozesse sind nicht definiert bzw. decken die IT-Dokumentation nicht ab
- Löschungen sind nicht technisch für den Aufbewahrungszeitraum verhindert (können durch jeden jederzeit erfolgen)

Dies kann zu folgenden **Risiken** führen:

- Fälschlicherweise gelöschte IT-Dokumentation führt zu signifikantem Mehraufwand (ggf. Nachdokumentation gelöschter Informationen notwendig)
- Strafen aufgrund fehlender Einhaltung von gesetzlichen Vorgaben (bspw. Datenschutz bezüglich personenbezogener Daten)

Für den Wirtschaftsprüfer können Fehler bezüglich der Archivierung/Löschung von IT-Dokumentation mit deutlichen Herausforderungen einhergehen. Bspw. kann bei unterjähriger Umstellung der IT-Abläufe/-Systeme ggf. kein Nachweis zur jeweils gültigen IT-Dokumentation erbracht werden. Gesetzliche Verstöße bezüglich Vorgaben zur Archivierung und/oder Löschung können zudem zu formalen Feststellungen führen.

Praxistipp:
Zwischenfazit zur Phase 4: Archivierung/Löschung

– Sicherstellung der Nachweispflicht und Gesetzeskonformität

Bezüglich der Archivierung und Löschung muss auf die gesetzlichen Anforderungen geachtet werden. Zudem ist es notwendig, dass ein nachvollziehbarer Prozess bezüglich des Umgangs mit Archivierung/Löschung implementiert wird und dieser auch explizit die IT-Dokumentation eines Unternehmens abdeckt. Vor Ablauf jeweiliger Archivierungsfristen muss ein lückenloser Nachweis der zu jedem Stichtag im Unternehmen gültigen IT-Dokumentation möglich sein.

Praxistipp:
Abschließendes Fazit: Vier Phasen des Dokumentenlebenszyklus

In jeder der vier Phasen des Dokumentenlebenszyklus werden unterschiedlichste Themen/Fragestellungen adressiert. Wichtig ist dabei, dass die einzelnen Themen nie getrennt voneinander betrachtet werden können, sondern zusammenspielen.

Wenn einzelne Vorgaben bezüglich der vier Phasen losgelöst voneinander gemacht werden, wird dies meist nicht dazu führen, dass die Mitarbeiter diese auch in ihrem täglichen Umgang mit IT-Dokumentation einhalten. Viel wichtiger ist es, einen in sich konsistenten Dokumentenlebenszyklus zu etablieren, die Mitarbeiter hierzu zu schulen und ihnen zu verdeutlichen, wie ganzheitlich im Unternehmen mit IT-Dokumentation umgegangen wird.

Die toolbasierte Unterstützung des Dokumentenlebenszyklus bspw. anhand eines workflowunterstützen DMS kann die Effektivität, Akzeptanz und Einhaltung der Vorgaben signifikant steigern.

4.3 Spezielle Anforderungen an Nachweisdokumentation

Im Gegensatz zu Vorgabedokumenten durchlaufen Nachweisdokumente[105] üblicherweise nicht alle unter Kapitel 4.2 dargestellten Phasen des Dokumentenlebenszyklus.

Ausgewählte Sachverhalte aus den weiter oben beschriebenen Phasen des Dokumentenlebenszyklus gelten jedoch auch für Nachweisdokumente, bspw.:

- Klassifizierung der Vertraulichkeit (Kapitel 4.2.1)
- Ablagestruktur und Berechtigungsmanagement (Kapitel 4.2.3)
- Archivierung und Löschung (Kapitel 4.2.4)

> **Hinweis:**
> Grundsätzlich müssen fachliche und technische IT-bezogene Verfahren im Unternehmen in Vorgabedokumenten beschrieben werden. Hierzu gehört auch die Beschreibung der Ausgestaltung der dazugehörigen Nachweisdokumente („kein Nachweis ohne Vorgabe"), wie in **Abb. 4.14** dargestellt.
>
> Beispielsweise wird im Rahmen der Beschreibung eines Datensicherungsverfahrens auch beschrieben, in welcher Form/welchem Format die technische Protokollierung über die Durchführung der Datensicherung (inkl. Fehlern und Abbrüchen der Prozeduren) erfolgen soll (Nachweisdokumentation).

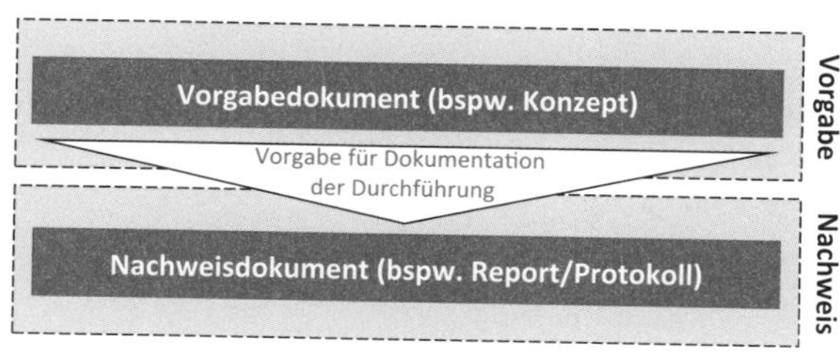

Abb. 4.14: Ableitung Vorgaben an Nachweisdokumentation

[105] Vgl. Kapitel 3.1 zur Einführung und Differenzierung zwischen Vorgabe- und Nachweisdokumenten.

In der Praxis treten häufig folgende **Probleme** hinsichtlich der Nachweisdokumente auf:

- Fehlende Vorgaben für die Erstellung von Nachweisdokumentation in der Vorgabedokumentation
- Gezielte Deaktivierung der Generierung von Nachweisdokumentation wie bspw. Protokollierungen (mangels Kenntnis der Anforderungen)
- Keine Archivierung der Nachweisdokumentation (bspw. im Auslieferungszustand von Software hinterlegte automatische Löschung/Überschreibung von technischen Protokollen nach 30 Tagen oder Erreichen einer als sehr gering voreingestellten Speichergröße[106])
- Keine Berücksichtigung/Auswertung der Nachweisdokumentation (auch im Falle von protokollierten Fehlern)
- Großes technisches Verständnis zum inhaltlichen Nachvollzug der Nachweisdokumentation teilweise nicht einmal bei verantwortlichen IT-Mitarbeitern vorhanden
- Unklarer Geltungsbereich (bspw. erschwerte Nachvollziehbarkeit, für welche Unternehmensbereiche/IT-Anwendungen Nachweisdokumentation gilt)
- Keine Sicherstellung der Integrität der Nachweisdokumentation (bspw. Speicherung ohne Einschränkung der Zugriffsberechtigung)

Dies kann zu folgenden **Risiken** führen:

- Keine Nachweisbarkeit bezüglich der Funktionsfähigkeit der IT-gestützten Verfahren eines Unternehmens
- Keine routinemäßige Überwachung und Kontrolle der Funktionsfähigkeit der IT-Systeme (mitunter decken erst IT-Prüfungen systematische Fehler in technischen Protokollen/Verarbeitungen auf, nicht selten bspw. auch Job-Abbrüche)
- Fehlfunktionen in IT-gestützten Verarbeitungen bis hin zu nicht ordnungsgemäßem IT-Betrieb
- Keine Auswertbarkeit der Probleme mangels Nachweisdokumentation, selbst im Falle gravierender Störungen
- Fehlende Nachweisbarkeit gegenüber prüfenden Einheiten

106 Selbst in heutiger Zeit mit annähernd unbegrenzt verfügbarem Speichervolumen wird Software teilweise mit Default-Einstellungen von nur wenigen Megabyte für Protokolldateien ausgeliefert, was bei Unternehmen mit vielen Transaktionen bereits nach wenigen Tagen zu laufendem Überschreiben der Protokolle führt.

Beispiel

In einem produzierenden Unternehmen mit komplexer IT-Landschaft inkl. umfangreichen Schnittstellen innerhalb und außerhalb des Unternehmens erfolgt eine kontinuierliche Schnittstellenüberwachung.

Der in die Jahresabschlussprüfung eingebundene IT-Prüfer möchte sich von der Funktionsfähigkeit ausgewählter Schnittstellen überzeugen. Vom IT-Leiter des Unternehmens wird ihm das täglich bereitgestellte Dashboard inkl. Status der Schnittstellen bereitgestellt.

Aufgrund von Unklarheit in Bezug auf den Geltungsbereich des im Dashboard täglich gelieferten Status „Schnittstellenüberwachung: OK" lässt er sich stichprobenartig Protokolle der angeblich überwachten Schnittstellen geben. Bereits nach kurzer Einsicht werden umfangreiche Verarbeitungsabbrüche ersichtlich. Dem IT-Leiter war nicht bewusst, dass die Überwachung dieser Schnittstellen nicht in das Dashboard eingeflossen ist und hat deren Aufnahme nunmehr in Auftrag gegeben.

Für den Wirtschaftsprüfer kann insbesondere die Verwertbarkeit von Nachweisdokumenten eine große Herausforderung darstellen. Falls bspw. Geltungsbereich, Integrität und inhaltlicher Nachvollzug der Nachweisdokumente nicht eindeutig/sichergestellt sind und zudem die Mitarbeiter mit der Analyse/dem Umgang mit der Nachweisdokumentation nicht vertraut sind, bleibt oft keine andere Wahl, als weiterführende Prüfungshandlungen durchzuführen.

Praxistipp:

Um Mehraufwand aufseiten sowohl der Unternehmen als auch des Wirtschaftsprüfers vermeiden zu können, kann eine Sensibilisierung der Mandanten bezüglich der speziellen Anforderungen an Nachweisdokumentation sehr hilfreich sein.

Nicht nur erleichtert dies den Nachweis eines ordnungsgemäßen IT-Betriebs gegenüber prüfenden Einheiten, sondern es trägt auch dazu bei, die Identifikation und Behebung von Störungen/Problemen/Ausfällen deutlich zu vereinfachen.

4.4 Übersicht über die empfohlenen Inhalte der gängigen IT-Dokumentation

Grundlage jeder IT-Dokumentation ist der Aufbau eines angemessenen Dokumentationsmanagements, welches über eine IT-Dokumentationsrichtlinie ausgestaltet und verortet wird (vgl. hierzu detaillierte Einführung in Kapitel 4.1).

In diesem Abschnitt wird eine Übersicht über die wesentlichen Themenfelder der IT-Dokumentation und deren Mindestinhalt zusammengestellt[107].

Hinweis:
Für alle in den folgenden Unterkapiteln dargestellten Themenfelder sollten stets die folgenden Sachverhalte Bestandteil der IT-Dokumentation sein:

- Aufbau- und Ablauforganisation
- Prozessuale Ablaufbeschreibung
- Prozesskontrollen (internes Kontrollsystem)
- Verantwortlichkeiten und Kompetenzen (ggf. RACI-Matrix)

Auf die Wiederholung dieser Punkte in allen folgenden Unterkapiteln wird verzichtet.

Praxistipp:
Abhängig von der Größe des Unternehmens können die in den folgenden Kapiteln unter Vorgabedokumenten genannten Mindestbestandteile in einem einzelnen, aber auch deutlich mehr Dokumenten abgebildet werden. Insbesondere bei größeren Unternehmen kann die Aufteilung der Einzelthemen in eine größere Anzahl von

[107] Exkurs: Wesentliche Probleme und Risiken typischer Schwachstellen der IT im Mittelstand und abgeleitete Handlungsempfehlungen für die IT-Prüfung werden im IDW Leitfaden IT-Compliance von Nestler/Modi (2019) dargestellt. Zudem weisen wir darauf hin, dass es in Spezialbranchen weitere Themenfelder und Mindestinhalte der IT-Dokumentation geben kann. Es wird an dieser Stelle auch auf entsprechende Fachliteratur zu den einzelnen Themen verwiesen [bspw. „Business Continuity und IT-Notfallmanagement“ von Kersten/Klett (2017), „Change Management“ von Lauer (2019), „Rollen und Berechtigungskonzepte“ von Tsolkas/Schmidt (2017), Brandt-Pook/Kollmeier (2020) etc.].

Einzeldokumenten erfolgen (bspw. spezifische Anforderungen an einzelnen Geschäftsfelder, Organisationseinheiten, IT-Umgebungen etc.).

Grundsätzlich sind die genannten Bestandteile der IT-Dokumentation für die rechnungslegungsrelevanten Geschäftsprozesse/IT-Systeme vorzuhalten[108].

4.4.1 IT-Strategie

Inhalt Vorgabedokumente[109]	Inhalt Nachweisdokumente
– Ist-Analyse der IT – Ableitung IT-Strategie aus Unternehmensstrategie – Bedeutung und Rolle der IT – Geltungsbereich – Entwicklung IT-Organisation/-Personal und -Prozesse – Ausgestaltung der IT-Leistungserstellung – Berücksichtigung der IT-Compliance inkl. Vorgaben zur Einhaltung gängiger Standards (bspw. ITIL) – IT-Qualitätsmanagement – Sourcing-Strategie (bspw. IT-Auslagerungen) – Wesentliche IT-Projekte und geplante Weiterentwicklung der IT – Adressierung Informationssicherheit/IT-Sicherheit, Datenschutz und IT-Risikomanagement – IT-Kostenmanagement – Wirtschaftlichkeit und Qualität der IT – Anforderungen an die IT-Architektur und eingesetzte Technologien (bspw. auch Trends wie Cloud Computing oder auch Umgang mit IDV)	– Zertifizierung Unternehmens-IT ggü. den in der IT-Strategie vorgegebenen Standards (bspw. ISO/IEC 27001 oder ITIL) – Übersicht Budgetplanung IT – Projektliste und Status wesentlicher IT-Projekte

Tab. 4.2: Empfohlene Inhalte IT-Strategie

108 Vgl. auch Prüfungsstandards oder Stellungsnahmen zur Rechnungslegung des IDW (IDW PS 330, IDW PS 850, IDW RS FAIT 1 bis 5) und Best-Practice.

109 Vgl. Johanning (2019) und Nestler/Modi (2019), S. 79.

4.4.2 IT-Organisation

Inhalt Vorgabedokumente	Inhalt Nachweisdokumente
– Organigramme – Rollen und Verantwortlichkeiten in der IT (inkl. Aufgaben/Kompetenzen), ggf. RACI-Matrix – Stellenbeschreibungen – Vertretungsregelungen – Schulungs- und Weiterbildungsprogramm – Kommunikationsstruktur – Ggf. Continuous-Improvement-Ansätze	– Nachweis über Veröffentlichung von Organigrammen, Stellenbeschreibungen etc. – Nachweise zur technischen Hinterlegung von Vertreterregelungen – Schulungskalender und Nachweise über Durchführung der Mitarbeiterschulungen

Tab. 4.3: Empfohlene Inhalte IT-Organisation

4.4.3 IT-Infrastruktur, IT-Assetmanagement und IT-Configurationmanagement

Inhalt Vorgabedokumente[110]	Inhalt Nachweisdokumente
– Asset-Kategorien (ggf. auch externe Dienstleister) – Übersicht Gebäude, Hardware, Software und Netzwerke – Vorgaben Verknüpfung von Assets (bspw. zu Prozessen und Dienstleistern) – Anforderungen zu Aufbau und Pflege einer CMDB – Vorgaben zum IT-Monitoring – Anforderungen an Gebäude und physische Sicherung (Zutrittsmanagement) – Performanceanforderungen – Einsatz von Assetmanagementtools – Basiseinstellungen für Hardware, Software und Netzwerke – Wartungs- und Überprüfungsplan für IT-Infrastrukturkomponenten – Regelungen zum Umgang bzgl. End-of-Life (Ablauf Support durch Hersteller)	– Aktuelle Auswertungen über Gebäude, Hardware, Software und Netzwerkparameter – Aktuelle IT-Architektur – Auszug CMDB – Auswertungen zu System- und Netzwerkauslastung (Dashboards) – Protokollierung über Zutritte zu speziell gesicherten Räumlichkeiten (bspw. Serverräume), ggf. Schlüsselausgabelisten – Zertifizierungsnachweise (u. a. für Rechenzentren) – Nachweis zur Umsetzung Basiseinstellungen für Hardware, Software und Netzwerke (bspw. technische Parameteränderungen) – Wartungsprotokolle – Übersicht inkl. Maßnahmen für identifizierte End-of-Life-Systeme

Tab. 4.4: Empfohlene Inhalte IT-Infrastruktur, IT-Assetmanagement und IT-Configurationmanagement

[110] Vgl. ISO 55001.

4.4.4 IT-Risikomanagement

Inhalt Vorgabedokumente	Inhalt Nachweisdokumente
– IT-Risikopolitik und -strategie (inkl. Risikoakzeptanzkriterien) – Vorgehen zur Risikoidentifizierung – Vorgehen zur Risikobewertung (inkl. Bewertungskategorien/Bewertungsmatrix) – Ggf. Kriterien zur Risikoaggregation und -überleitung in andere Risikoarten – Vorgehen zur Risikopriorisierung – Vorgehen zur Risikosteuerung – Vorgehen zur Risikoüberwachung – Vorgehen zur Risikoberichterstattung	– IT-Risikodatenbank (inkl. Nachweise zur Identifikation, Bewertung, Steuerung etc.) – IT-Risikoberichterstattungen an das Management

Tab. 4.5: Empfohlene Inhalte IT-Risikomanagement

4.4.5 IT-Sicherheit

Inhalt Vorgabedokumente	Inhalt Nachweisdokumente
– Ableitung Anforderungen IT-Sicherheit aus Schutzbedarf – Security Information and Event Management (SIEM)[111] – Umgang mit Cybervorfällen[112] – IT-Sicherheitsanforderungen an Hardware, Software und Netzwerke – Management technischer Schwachstellen (Patchmanagement) – Vorgaben zur Durchführung regelmäßiger IT-Sicherheitsuntersuchungen (bspw. Intrusion Detection, Penetrationstest) – Sicherheit des IT-Betriebs – Sicherheitsanforderungen an die Softwareentwicklung – Physikalische und umgebungsbezogene Sicherheit[113] – Umgang mit IT-Sicherheitsvorfällen – IT-Sicherheit bezüglich mobilem Arbeitsplatz und mobilen Geräten – Ggf. Bring-Your-Own-Device-Regelungen	– Protokollierung und Auswertung von sicherheitsbezogenen Auffälligkeiten und jeweiligen Gegenmaßnahmen – Extrakt Netzwerk-/Firewallparameter – Virenschutzkonsole inkl. Nachweis und Ergebnis regelmäßiger Scans – Ggf. Zertifizierungen und Auditergebnisse zur IT-Sicherheit (inkl. Berücksichtigung externer Dienstleister) – Nachweis zur Auswertung und Behebung technischer Schwachstellen – Ergebnisse der Durchführung von Überprüfungen der IT-Sicherheit (bspw. Intrusion Detection und Penetrationstests) – Nachweis zum Patch-Stand der Endgeräte inkl. Mobile Devices – Schulungskalender und Nachweise über Durchführung der Mitarbeiterschulungen – Nachweise Einsatz Verschlüsselungsverfahren

[111] Systematische und technische Auswertung von Auffälligkeiten/Mustern bezüglich potenzieller IT-Sicherheitsvorfälle; üblicherweise Vorgabe von Use Cases zur Überwachung (Vorgabe, was überwacht werden soll).

[112] In enger Abstimmung mit Kapitel 4.4.7.

[113] Vgl. auch Kapitel 4.4.3.

Inhalt Vorgabedokumente	Inhalt Nachweisdokumente
– Anforderungen der IT-Sicherheit an externe Dienstleister – Schulung und Sensibilisierung der Mitarbeiter zur IT-Sicherheit – Virenschutz und Firewall – Sicherheit in der Kommunikation, Internetnutzung, E-Mails – Technischer Schutz von Informationen bei Verarbeitung, Übertragung und Speicherung – Kryptographische Maßnahmen, Signaturen – Regelungen für Entsorgung und Vernichtung von Hardware – Anforderungen bezüglich Cloud Computing	

Tab. 4.6: Empfohlene Inhalte IT-Sicherheit

4.4.6 Benutzerberechtigungsmanagement

Inhalt Vorgabedokumente	Inhalt Nachweisdokumente
– Vorgaben zu Berechtigungsvergabe, -änderung, -löschung – Beschreibung übergreifende Rollen/Profile sowie Zuordnung von Rollen/Profilen in Zielsystemen (Berechtigungsmatrix) – Anwendungsspezifisches Berechtigungsmanagement – Zuordnung und Beschreibung Einzelrechte der Rollen/Profile der Zielsysteme – Besondere Regelungen für Umgang mit HPUs (bspw. Administratoren) – Anforderungen zur Passwortsicherheit – Vorgaben zur Funktionstrennung (Funktionstrennungsmatrix/SoD-Matrix) – Umgang mit Funktionalaccounts[114] und externen Benutzerkennungen	– Anträge zur Berechtigungsvergabe, -änderung und -löschung sowie Nachweise zur Durchführung (bspw. in Form von Mitarbeiter-Checklisten oder im digitalen Workflow) – Systemseitiger Auszug zu vergebenen Rollen und Rechten (auswertbar nach Systemen, Benutzergruppen, externen Mitarbeitern etc.) – Auswertung der SoD-Konflikte (Verletzung der Funktionstrennung und Umgang mit Konflikten) – Nachweise zur Durchführung von Reconciliation und User Review – Protokollierung der Administratorenzugriffe und -transaktionen

[114] Sammeluser, wie bspw. „Azubi“, „Produktionsmitarbeiter“, „Kasse“, sollten weitestgehend vermieden werden.

Inhalt Vorgabedokumente	Inhalt Nachweisdokumente
– Umgang mit technischen Usern (bspw. in der Jobverarbeitung) – Vorgaben zur Reconciliation (regelmäßiger technischer/manueller Abgleich vergebener Rechte mit Zielsystemen) und User Review (regelmäßige Überprüfung vergebener Rechte)	

Tab. 4.7: Empfohlene Inhalte Benutzerberechtigungsmanagement

4.4.7 IT-Notfallmanagement

Inhalt Vorgabedokumente	Inhalt Nachweisdokumente
– Definitionen und Abgrenzung Störung/Notfall/Krise – Anforderungen zur Business Impact Analysis (BIA) – Erhebung RPO und RTO – Notfallszenarien und zugehörige Kontinuitätsstrategien – Meldung, Alarmierung und Eskalation im Notfall – Sofortmaßnahmen für Szenarien – Verantwortlichkeiten im Notfall inkl. Einbindung externer IT-Dienstleister – Ggf. Kriterien und Vorgehen Einberufung Krisenstab – Wichtigste Ansprechpartner/Ressourcen und Erreichbarkeiten (intern und extern) – Kommunikation im Notfall inkl. Einbindung externer Dienstleister – Regelung zu Notfallarbeitsplätzen – Wiederanlaufpläne – Cyber-Response-Pläne (Umgang mit Cyberangriffen) – Überwachungsmaßnahmen und Nacharbeiten nach Notfällen/Krisen – Dokumentationsanforderungen in der Notfall-/Krisenbewältigung – Notfalltest (Testplanung, Testszenarien, Testhandbuch, Testkonzept, Rollen, Ablauf, Vorgaben Ergebnisdokumentation, Umgang mit Testergebnissen) – Notfallschulungen – Prävention (Meldetechniken, Datensicherung, Vereinbarungen mit Externen, Ausweichstandorte etc.)	– Ergebnisse und Durchführung regelmäßige BIA – Erhobene RPO und RTO der Systeme – Dokumentation zu eingetretenen Notfällen und deren Behebung – Lessons Learned aus eingetretenen Notfällen (inkl. bspw. vorgenommener Anpassungen der Wiederanlaufpläne) – Vertragliche Vereinbarung mit externen IT-Dienstleistern zum Thema Notfälle – Dokumentation zur Durchführung von Notfalltests inkl. Lessons Learned – Nachweis zu Schulungen zum Notfallmanagement

Tab. 4.8: Empfohlene Inhalte IT-Notfallmanagement

4.4.8 IT-Projektmanagement

Inhalt Vorgabedokumente	Inhalt Nachweisdokumente
– Projektdefinition/-abgrenzung – Im Unternehmen eingesetzte Projektmethodik (bspw. Projektphasen, agiles Projektmanagement etc.), inkl. zu erstellender Projektmanagement-Ergebnistypen (Projektauftrag, Projektstrukturplan, Projektplan, Arbeitspaketbeschreibung, Budgetplanung, Projektstatusreporting, Projektabschlussbericht)[115] – Projekt- und Budgetgenehmigungsverfahren – Anforderungen an die im Rahmen des Projekts zu erstellende IT-Dokumentation (u. a. Anforderung an Fach- und IT-Konzeption, Testdokumentation, Berechtigungsmanagement)[116] – Ggf. spezifische weitere Anforderungen an bspw. Datenmigrationen und Go-Live-Planung (bspw. Betriebsübergabe)	– Aktuelle Projektliste inkl. Budget/Status etc. – Projektstatus- und Abschlussberichte – Detaillierte Nachweise zu Projektdokumentation und erstellten Projektergebnissen (vgl. „Inhalt Vorgabedokumente“)

Tab. 4.9: Empfohlene Inhalte IT-Projektmanagement

4.4.9 Incident und Problem Management

Inhalt Vorgabedokumente	Inhalt Nachweisdokumente
– Abgrenzung Incidents und Problems – Klassifizierung (inkl. Schweregrad und Priorisierung) – Erfassungs- und Bearbeitungsprozess (bspw. workflowbasiert mittels Ticketsystem) – Supportstufen (üblicherweise 1st, 2nd und 3rd Level Support, inkl. Einbindung externer IT-Dienstleister) – Dokumentationsanforderungen an Incidents/Problems – Reportinganforderungen (inkl. aus Incidents/Problems abgeleiteter Folgemaßnahmen) – Eskalationswege – Schnittstelle zur IT-Sicherheit und IT-Notfallmanagement	– Auszug Liste Incidents und Problems inkl. Details zu Bearbeitung und Status – Lessons Learned – Nachweis Berücksichtigung in Incident/Problem Management Reporting (Mengengerüst und Fokusthemen)

Tab. 4.10: Empfohlene Inhalte Incident und Problem Management

115 Diese Aspekte sind üblicherweise gesammelt in einem (IT-)Projekthandbuch vorgegeben.
116 Grundsätzlich kann sämtliche in Kapitel 4.4 dieses Leifadens dargestellte IT-Dokumentation von Projektaktivitäten tangiert werden.

4.4.10 IT-Änderungsmanagement/Change Management

Inhalt Vorgabedokumente	Inhalt Nachweisdokumente
– Definition und Kategorisierung Changes inkl. Abgrenzung Standard Change, Minor Change, Emergency Change[117] etc. – Dokumentationsanforderungen an Changes (bspw. workflowbasierte Mindestdokumentation in Ticketsystemen) – Vorgabe für Test und Freigabe von Changes – Change- und Releaseplanung – Ggf. Etablierung Change Advisory Board (CAB) – Anforderungen bezüglich Kommunikation an betroffene Mitarbeiter zu Änderungen	– Auszug Liste Changes inkl. Beschreibung, Bearbeitungsstatus und Test-/Freigabenachweis – Nachvollziehbare Begründung zur Durchführung von Emergency Changes – Change- und Releasekalender – Ggf. Nachweise zur Einbindung und Entscheidung des CAB

Tab. 4.11: Empfohlene Inhalte IT-Änderungsmanagement/Change Management

4.4.11 IT-Entwicklung und Testmanagement

Inhalt Vorgabedokumente	Inhalt Nachweisdokumente
– Vorgaben an interne/externe Entwickler (Entwicklungsumgebung, Programmiersprachen, Dokumentation von Quellcode etc.) – Anforderungen an das IT-Umgebungsmanagement (Entwicklungs-, Test- und Produktivumgebung) – Anforderung an Code Review – Vorgaben zum Testvorgehen/Testkonzept (Testziele, Testumfang, Teststufen[118], Testarten[119], Eingangskriterien, Abnahme- und Freigabekriterien, Abschlusskriterien etc.) – Neben Berücksichtigung fachlicher Funktionalitäten auch Last-/Performancetests und IT-Sicherheitstests	– Übersicht abgeschlossene/laufende und geplante Entwicklungen – Dokumentation Quellcode – Nachweis zur Durchführung und zu Ergebnissen von Code Reviews – Nachweis zur Implementierung unterschiedlicher IT-Umgebungen (Entwicklungs-, Test- und Produktivumgebung) – Nachweis zum technisch hinterlegten Testfall- und Defect-Workflow – Nachweis/Dokumentation Testdurchführung und erstellte Testergebnisse (vgl. „Inhalt Vorgabedokumente")

[117] Notfalländerungen (Emergency Changes) können meist in beschleunigten Verfahren umgesetzt werden und genießen besondere Aufmerksamkeit in der IT-Prüfung des Wirtschaftsprüfers.

[118] Bspw. Komponententest, Integrationstest und Abnahmetest.

[119] Bspw. Funktionstest, Paralleltest, Migrationstest, Sicherheitstest und Performancetest.

Inhalt Vorgabedokumente	Inhalt Nachweisdokumente
– Anforderungen an Testdokumentation (bspw. Testfallbeschreibung, Testvoraussetzungen, Testdaten, erwartetes Testergebnis, eingetretenes Testergebnis, Nachweis Testergebnis, Defect-Dokumentation etc.) – Defect Management (inkl. Workflow und Anforderung zu Retests) – Vorgaben zur Toolunterstützung (Testmanagement und/oder Defect Management) – Ggf. Anforderungen zur Nutzung von Ticketsystemen – Regelung zu Testdaten (bspw. Anonymisierung) – Reportingvorgaben an Testfälle und Defects, zudem Testabschlussbericht	

Tab. 4.12: Empfohlene Inhalte IT-Entwicklung und Testmanagement

4.4.12 Datensicherung, Archivierung und Löschung

Inhalt Vorgabedokumente	Inhalt Nachweisdokumente
– Vorgaben und Vorgehen der Datensicherung (Umfang, Art, betroffene Hardware/Software/Daten) – Anforderungen zur Einhaltung der Datenintegrität/revisionssicheren Datenhaltung – Anforderung auch bezüglich Datenhaltung bei Dritten (bspw. Auslagerungen und Cloud Computing) – Ggf. Anforderungen zum regelmäßigen Transport alter Speichermedien (Archive) in sichere externe Lager – Zugriff auf Datensicherung/Wiederherstellung – Anforderungen zur Verschlüsselung archivierter Daten – Testvorgehen Lesbarkeit und Wiederherstellbarkeit der Daten – Übersicht der für das Unternehmen relevanten Archivierungsfristen[120] – Löschvorschriften und -vorgehen	– Regelmäßige Reports zur Datensicherung (erfolgreiche Sicherung bzw. Fehlerprotokollierung) – Übersicht über technisch eingerichtete Datensicherungs-Jobs – Nachweis über Durchführung regelmäßiger Tests zur Lesbarkeit und Wiederherstellbarkeit gesicherter Daten – Auswertung zugriffsberechtigte Personen Sicherungen/Archive – Nachweis über Vereinbarungen und regelmäßige Durchführung ordnungsgemäßer Lagerung extern archivierter Daten (bspw. sicheres externes Lager) – Protokollierung der gezielten Löschung von Daten nach Archivierungsfrist – Nachweis über die angemessene Vernichtung von Speichermedien nach Ablauf der Archivierungsfrist

Tab. 4.13: Empfohlene Inhalte Datensicherung, Archivierung und Löschung

120 Vgl. auch Kapitel 4.1.5.

4.4.13 IT-Systemdokumentation (inkl. Schnittstellendokumentation)

Inhalt Vorgabedokumente	Inhalt Nachweisdokumente
– Fachliche Beschreibungen der IT-gestützten Prozesse – Basisparameter der IT-Systeme (Funktionen im Überblick, Leistungsbeschreibung, Verantwortlichkeiten, Ansprechpartner/Support/Hersteller) – Technische Beschreibungen (Architekturschaubild, Plattformen, Systemkomponenten, Datenbanken, Netzwerkumgebung und -konfigurationen, interne/externe Schnittstellen und Datenflüsse, Jobsteuerung, Verarbeitungsregeln) – Kontrollbeschreibung (IT-gestützte Anwendungskontrollen) – Installation und Konfiguration (ggf. Differenzierung Produktivumgebung, Testumgebung, Entwicklungsumgebung) – Spezielle Anforderungen bezüglich IT-Sicherheit und Berechtigungsmanagement (vgl. Kapitel 4.4.5 und 4.4.6) – Customizingvorgaben für einzelne Systeme – Fachliche/technische Beschreibung der Schnittstellen – Vorgaben zum Error-Handling der Schnittstellen – Anwenderhandbücher	– Dokumentation zum durchgeführten Customizing (Nachvollzug Änderungen) – Nachweise über Anwendungskontrollen – Vgl. hierzu auch „IT-Betrieb und Monitoring“, Kapitel 4.4.14

Tab. 4.14: Empfohlene Inhalte IT-Systemdokumentation (inkl. Schnittstellen)

4.4.14 IT-Betrieb und Monitoring

Inhalt Vorgabedokumente	Inhalt Nachweisdokumente
– Konzeption IT-Betrieb (ggf. inkl. Einbindung externer IT-Dienstleister) – IT-Betriebsdetails für spezifische IT-Systeme (bspw. SAP-Komponenten) – Jobketten und -steuerung – Vorgaben zum Monitoring inkl. zugehörigen Reportings (bspw. tägliche Übersicht erfolgreicher Ablauf Jobketten) – Anforderungen zu Betrieb und Überwachung von Schnittstellen – Beschreibung der eingesetzten Monitoring- und Überwachungstools	– Regelmäßige Reports zur Überwachung des IT-Betriebs und der Schnittstellen (inkl. Fehlerprotokollierung) – Auswertung der Jobsteuerung auf Fehler – Auswertung Performance und Auslastung IT-Systeme – Auswertung zum Datenbankmonitoring

Tab. 4.15: Empfohlene Inhalte IT-Betrieb und Monitoring

4.4.15 IT-Dienstleistermanagement und IT-Auslagerungen

Inhalt Vorgabedokumente	Inhalt Nachweisdokumente
– Vorgaben zur externen Beschaffung von IT-Dienstleistungen (Auswahlkriterien, Beschaffungsprozess etc.) – Vertragsmuster[121] inkl. Anforderungen zu bspw. IT-Sicherheit, Berechtigungsmanagement etc. – Detaillierte Leistungsbeschreibung – Überleitung Schutzbedarfseinwertung in konkrete Anforderungen an IT-Dienstleister – Mitwirkungspflichten des Auftraggebers – Regelungen der Vergütung – Service Level Agreements – Service- und Reaktionszeiten – Anforderungen zum Risikomanagement und Überwachung der Dienstleister – Abgrenzung Auslagerungen von sonstigen IT-Dienstleistungen – Regelungen zur Weiterverlagerung durch IT-Dienstleister (Subauslagerung) – Berichtsanweisungen und Nachweispflichten – Prüfungsrechte für bspw. interne Revision und Wirtschaftsprüfer – Regelungen zur Kündigung und möglicher Unterstützung einer Rückverlagerung – Haftungsregelungen und Vertragsstrafen – Weitere Regelungen (bspw. Datenschutz, Geheimhaltung und Sicherheit, Versicherungsfragen, Datenaustausch, Dokumentations- und Berichtspflichten, Interessenkonfliktmanagement)	– Nachweis über die Kontrolle der Dienstleister – Nachweis über die vertraglich festgelegten Nachweispflichten – Risikoanalysen zu Auslagerungen – Zertifizierungen der externen Dienstleistungen/Dienstleister bzw. eigene Audits (bspw. zur IT-Sicherheit, ISO Standards etc.) – Nachweis über Einhaltung der Servicequalität (SLA Reporting)

Tab. 4.16: Empfohlene Inhalte IT-Dienstleistermanagement und IT-Auslagerung

[121] Vgl. auch Vertragsvorlage EVB-IT, Vorlage nach den Informationen des CIO.Bund (2021).

4.4.16 Exkurs: Verfahrensdokumentation

i

Hinweis:
In der Praxis wird insbesondere im Umfeld des Steuerrechts bzw. von Betriebsprüfungen bezüglich der vorzuhaltenden IT-Dokumentation der Begriff „Verfahrensdokumentation" verwendet. Bspw. die GoBD gehen in einem eigenen Kapitel[122] darauf ein und verstehen darunter die sachlogische Beschreibung, Anwenderdokumentation, technische Beschreibung und Betriebsdokumentation des DV-gestützten Prozesses.

Unter der Verfahrensdokumentation vereinen sich demzufolge gleich mehrere der im Kapitel 4.4 dieses Leitfadens dargestellten Bestandteile der IT-Dokumentation. In der folgenden Tabelle (**Tab. 4.17**) wird eine Übersicht über die empfohlenen Inhalte gegeben, welche sich an der in der Praxis weitverbreiteten „Musterverfahrensdokumentation" von BStBK und DStV orientiert[123]. Besonderer Fokus dieser Musterverfahrensdokumentation liegt auf dem Prozess „Ersetzendes Scannen" (d. h. Digitalisierung von Belegen vor Entsorgung der physischen Unterlagen).

Die Musterverfahrensdokumentation sieht eine Sammlung diverser IT-Dokumentationsbestandteile in einem eigenen Dokument „Verfahrensdokumentation" vor. Selbstverständlich ist für Unternehmen mit ausgeprägter IT-Dokumentation kein redundantes Dokumentieren dieser Sachverhalte in einem zusätzlichen Dokument „Verfahrensdokumentation" notwendig. Es empfiehlt sich jedoch, eine Übersicht/ein Verzeichnis aller Dokumente zu pflegen, die zum Umfang einer üblichen Verfahrensdokumentation gehören, um diese bspw. im Rahmen von Betriebsprüfungen vorzeigen zu können.

Gemäß Randnummer 151 der GoBD ist die Ausgestaltung abhängig von der Komplexität und Diversifikation der Geschäftstätigkeit und der Organisationsstruktur sowie des eingesetzten DV-Systems.

Eine weitere Anforderung, die besonders im Fokus der GoBD steht, ist die Gewährleistung der Programmidentität, d. h. jeweils einge-

[122] Vgl. Kapitel 10.1 der GoBD (2019), S. 36ff.

[123] Vgl. BStBK/DStV (2019): Muster-Verfahrensdokumentation zum ersetzenden Scannen (Version: 2.0; Stand: 29. November 2019).

setzte Versionen der IT-Systeme müssen (historisch) nachweisbar sein.

Inhalt Verfahrensdokumentation	Inhalt zugehörige Nachweisdokumente
– Zielsetzung und Anwendungsbereich – Unternehmen und organisatorisches Umfeld – Aufbau- und Ablauforganisation – Einsatzorte – Rechtliche Grundlagen und Ordnungsmäßigkeit – Einweisung in die Verfahren – Abgrenzung der Bearbeitungsbereiche – Organisation und Sicherheit des IT-gestützten Verfahrens (eingesetzte Hard- und Software, Zuständigkeiten, Organisation und internes Kontrollsystem, Datenschutz und Datensicherheit) – Verfahren und Maßnahmen[124] (detaillierte Prozessbeschreibung inkl. Sicherstellung der Grundsätze der GoBD) – Mitgeltende Unterlagen (bspw. Anwendungshandbücher, Arbeitsanweisungen, Berechtigungskonzept, IT-Sicherheitskonzept, Verträge)[125] – Sicherstellung der Programmidentität	– Vgl. jeweilige Unterkapitel des Abschnitts 4.4 dieses Leitfadens, je nachdem welches Teilgebiet der Verfahrensdokumentation betrachtet wird – Nachweis zu eingesetzten Versionen der IT-Systeme (Programmidentität)

Tab. 4.17: Empfohlene Inhalte Verfahrensdokumentation

4.5 Abhängigkeiten innerhalb der IT-Dokumentation

Beim Großteil der in Kapitel 4.4 dargestellten Themengebiete bzw. jeweils empfohlenen Mindestinhalte der IT-Dokumentation ist zu berücksichtigen, dass diese nicht für sich alleine und voneinander unabhängig stehen, sondern deutliche Abhängigkeiten zueinander haben.

124 Die Musterverfahrensdokumentation des BStBK/DStV liefert hierzu weitere Gliederungsebenen bezüglich „Verfahren und Maßnahmen zum zentralen Scannen".

125 Vgl. hierzu grundsätzlich die Unterkapitel des Abschnitts 4.4 dieses Leitfadens.

Beispiel

Beispielsweise müssen Änderungen im IT-Betrieb oder generell der IT-Leistungserstellung zwingend auch im IT-Notfallmanagement berücksichtigt werden. Eine Verlagerung von Diensten an externe IT-Dienstleister und der Aufbau von Schnittstellen können wiederum eine Anpassung der eigenen IT-Sicherheits- und Netzwerkparameter erfordern. Die Aktualisierung von zentralen Benutzerberechtigungsmanagement-Vorgaben kann eine umfangreiche Anpassung der anwendungsspezifischen IT-Systemdokumentation nach sich ziehen.

Diese Liste an Beispielen könnte annähernd beliebig fortgesetzt werden und soll lediglich beispielhaft die Komplexität von Abhängigkeiten zwischen den Themenfeldern der IT-Dokumentation aufzeigen.

Die Kenntnis der gegenseitigen Abhängigkeiten innerhalb der IT-Dokumentation im Unternehmen ist von großer Bedeutung und muss bei jeder Anpassung der IT-Dokumentation berücksichtigt werden.

Hinweis:

Der Aufbau und die gewissenhafte Pflege einer Dokumentenmatrix/Dokumentenlandkarte (vgl. Kapitel 4.1.2) kann äußerst hilfreich sein, um einen Überblick darüber zu erhalten, wie vorhandene Dokumente (hierarchisch) zueinander stehen, wie sie vernetzt sind, wie sie zusammenspielen und welchen Bearbeitungsstatus sie haben. Anpassungen an die IT-Dokumentation, die zu Inkonsistenzen führen, können hierdurch wesentlich reduziert bzw. vermieden werden.

Praxistipp:

Der Wirtschaftsprüfer sollte unbedingt darauf achten, dass die einzelnen Themengebiete der IT-Dokumentation oft in enger Beziehung zueinander stehen und sich gegenseitig beeinflussen können. Das Aufzeigen von Abhängigkeiten und ggf. Inkonsistenzen kann großen Mehrwert für ein Unternehmen liefern.

4.6 Berücksichtigung des IT-IKS in der IT-Dokumentation

Das Interne Kontrollsystem (IKS) liefert auch im Umfeld IT-gestützter Prozesse bzw. bei den Abläufen der IT einen wesentlichen Beitrag dazu, Unregelmäßigkeiten und Fehler aufzudecken und Ordnungsmäßigkeit zu gewährleisten.

IT-Kontrollen dürfen nicht nur informell durchgeführt werden. Vielmehr müssen sie einerseits schriftlich dokumentiert vorgegeben werden (Vorgabedokumentation) und andererseits muss deren Durchführung nachweisbar dokumentiert werden (Nachweisdokumentation).

Neben der Dokumentation der IT-Kontrollen in den jeweiligen Vorgabedokumenten der einzelnen Teildisziplinen der IT liegt es nahe, eine Übersicht der wesentlichen IT-Kontrollen an zentraler Stelle zu pflegen. Nicht nur hilft dies einem Unternehmen dabei, Überblick über alle Kontrollmaßnahmen des IT-IKS zu erhalten, sondern kann dies auch von großem Mehrwert in externen Prüfungen (bspw. Zertifizierungen und/oder der Jahresabschlussprüfung) sein.

Praxistipp:
In der Praxis bewährt es sich, IT-Kontrollen als festen Bestandteil der zentralen IT-Prozessdokumentation des Unternehmens zu definieren. Darüber hinaus sollte aus der Prozessdokumentation heraus ein Verweis auf die jeweilige IT-Dokumentation erfolgen, in welcher die Details der Kontrollen beschrieben werden.

In der detaillierten Beschreibung der IT-Kontrollen (Vorgabedokumentation) sollte wiederum eine Beschreibung von Art und Umfang der Durchführung der Kontrolldokumentation erfolgen (Nachweisdokumentation).

In **Abb. 4.15** erfolgt die beispielhafte Darstellung dieser Zusammenhänge anhand des „User Reviews“ von Benutzerberechtigungen: Die zum Prozess Benutzerberechtigungsmanagement gehörende Kontrolle K2 stellt den User Review dar. Die Kontrolle wird im entsprechenden Benutzerberechtigungskonzept beschrieben und es werden dort Vorgaben zur Dokumentation der Durchführung gemacht.

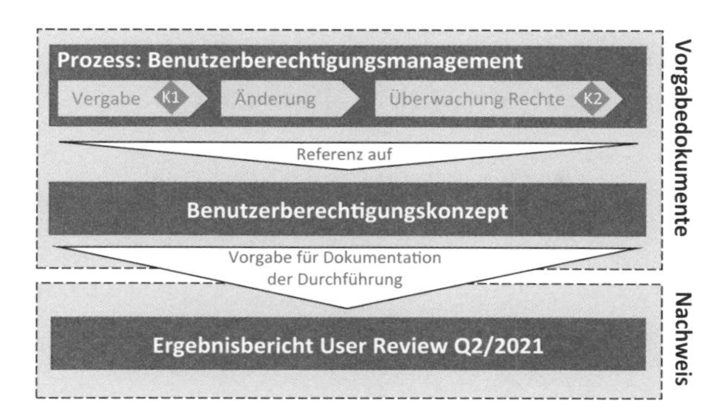

Abb. 4.15: Beispielhafter Zusammenhang IT-IKS, Kontrollbeschreibung und Kontrolldurchführung

5 Mögliche Beratungsansätze des Wirtschaftsprüfers zur IT-Dokumentation

Die Erstellung der IT-Dokumentation eines Unternehmens kann zu keinem Zeitpunkt als „final abgeschlossen" erklärt werden, sondern verlangt einen dauerhaft im Unternehmen etablierten, organisatorisch/technisch verankerten und von allen Mitarbeitern gelebten Prozess. Nur so kann IT-Dokumentation den in Kapitel 3.5 genannten Nutzen generieren und nachhaltig auf den Unternehmenserfolg einzahlen. Einen allgemeingültigen Ansatz zu einem „optimalen" Auf-/Ausbau der IT-Dokumentation gibt es meist nicht; ein „nebenher Erledigen" der IT-Dokumentation funktioniert jedoch im absoluten Großteil der Fälle nicht.

Aufgrund der großen Bedeutung u. a. aus gesetzlicher/regulatorischer Sicht wie auch hinsichtlich der Bedeutung für den erfolgreichen IT-Betrieb liegt es nahe, den Wirtschaftsprüfer mit dessen Erfahrung und Best-Practice-Ansätzen qualitätssichernd/beratend in die Erstellung und Überarbeitung der IT-Dokumentation einzubeziehen.

Abhängig von Art/Umfang/Qualität der vorhandenen IT-Dokumentation und auch davon, in welcher Entwicklungsstufe sich die IT des Unternehmens befindet (bspw. bei anstehenden großen IT-Transformationsprojekten), sind unterschiedliche Qualitätssicherungs- und Beratungsansätze möglich.[126]

In den folgenden Kapiteln werden diese kurz dargestellt und Einsatzmöglichkeiten des Wirtschaftsprüfers aufgezeigt.

[126] Falls sich bei jeweiligen Mandanten zentrale Organisationseinheiten (bspw. QM-Abteilung oder Dokumentationsabteilung) wesentlich mit der IT-Dokumentation des Unternehmens befassen, sollte der Einsatz des Wirtschaftsprüfers unbedingt mit diesen Einheiten abgestimmt werden. Häufig erfolgt durch diese zentralen Einheiten ein turnusmäßiges (bspw. jährliches) Anstoßen der Qualitätssicherung/Überarbeitung der IT-Dokumentation. Dieses Vorgehen ist zwingend mit einem möglichen Einsatz des Wirtschaftsprüfers abzustimmen, um ein gemeinsames Ziel zu verfolgen.

Praxistipp:
Grundsätzlich muss der Wirtschaftsprüfer seine unabhängige Rolle wahren und darf keine IT-Dokumentation selbst erstellen, die er anschließend in eigene Prüfungen einfließen lässt (bspw. Jahresabschlussprüfung).

Abhängig vom jeweiligen Mandat und der Beauftragung gilt es, dies explizit zu prüfen bzw. zu berücksichtigen.

5.1 Qualitätssicherung bei der Erstellung bzw. beim Review von IT-Dokumentation

Praxistipp:
Die Qualitätssicherung bei der Erstellung bzw. beim Review von einzelnen IT-Dokumenten kann nach mehreren Dimensionen erfolgen, die im Folgenden beschrieben werden.

Es wird dringend empfohlen, die Dimensionen der Qualitätssicherung mit dem Mandanten abzustimmen, um den Erwartungen des Kunden gerecht zu werden. Abhängig vom jeweiligen Setup kann die Fokussierung auf einzelne Dimensionen sinnvoll sein.

Einhaltung der Vorgaben des Dokumentationsmanagements und Dokumentenmanagements (Dokumentenlebenszyklus)

Im Unternehmen etablierte Vorgaben zur Erstellung und Überarbeitung von IT-Dokumentation (vgl. Kapitel 4.1 und 4.2) müssen eingehalten werden. Es liegt nahe, die wesentlichsten Kriterien aus den Vorgaben herauszuarbeiten (bspw. ausgewählte Dokumenteneigenschaften, Bearbeitungsstatus, Angaben zu Genehmigungs- und Freigabeverfahren), und anhand einer Checkliste bei den zu bewertenden Dokumenten abzuprüfen.

Vergleiche hierzu auch die weiteren Ansätze unter Kapitel 5.2 bzw. 5.3.

Abgleich mit weiteren unternehmensinternen Vorgaben

Meist stellen weitere unternehmensinterne IT-Disziplinen (bspw. IT-Sicherheit, IT-Leistungserstellung, IT-Berechtigungsmanagement) spezifische Anforderungen an IT-Systeme bzw. die jeweilige IT-Dokumentation.

Beispiel
Im Rahmen eines größeren IT-Implementierungsprojekts erfolgen umfangreiche Änderungen an den IT-Systemen. Die unternehmensinterne Richtlinie zum IT-Berechtigungsmanagement schreibt vor, dass sämtliche Projekt-/Änderungsdokumentation zwingend die Auswirkungen auf das IT-Berechtigungsmanagement (sowohl übergreifend als auch anwendungsspezifisch) berücksichtigen muss.

Die Qualitätssicherung des Wirtschaftsprüfers ergibt, dass diese Auswirkungen zum Großteil weder analysiert noch dokumentiert wurden. Nach einem Hinweis können Nacharbeiten und Nachdokumentationen bezüglich der Auswirkungen auf das Berechtigungsmanagement erfolgen.

Die Berücksichtigung dieser unternehmensinternen Anforderungen ist zwingend; auch hier liegt es nahe, anhand einer Checkliste die wesentlichsten Anforderungen abzugleichen und deren Umsetzung in der neuen/geänderten IT-Dokumentation sicherzustellen.

Einhaltung gesetzlicher und regulatorischer Vorgaben

Die Einhaltung der für das jeweilige Unternehmen geltenden und zwingend einzuhaltenden externen Vorgaben ist eine Grundvoraussetzung. Der Wirtschaftsprüfer muss sich ein Bild der für den jeweiligen Mandanten gültigen Vorgaben machen (ggf. auch spezifische Vorgaben für das konkrete Umsetzungsfeld) und deren Berücksichtigung anhand der IT-Dokumentation abgleichen.

Angemessene Ableitung aus fachlichen Anforderungen

Die vollständige und richtige Überführung der fachlichen Anforderungen (bspw. Fachkonzepte, Prozessbeschreibungen) in IT-Dokumentation ist Voraussetzung für eine korrekte Überführung in die IT-Systeme eines Unternehmens.

Bei diesem Abgleich sollte explizit darauf geachtet werden, dass auch wesentliche Prozesskontrollen (bspw. 4-Augen-Prinzip, Error-Handling) richtig in die IT-Dokumentation überführt wurden.

Konsistenz innerhalb von IT-Dokumenten und zwischen den Dokumenten

Gerade bei umfangreicher IT-Dokumentation mit mehreren Autoren kommt es oft zu Inkonsistenzen innerhalb der Dokumente. Noch größer können die Inkonsistenzen zwischen unterschiedlichen Dokumenten sein (bspw. Dokumente des IT-Betriebs vs. Dokumente des IT-Notfallmanagements).

Oft fehlt den internen Mitarbeitern die Zeit und ggf. auch das Know-how in anderen IT-Disziplinen, diese Inkonsistenzen zu bemerken bzw. zu berichtigen. Der Wirtschaftsprüfer mit seiner übergreifenden Sichtweise ist dahingegen prädestiniert dafür, diese zu identifizieren und zu einer Lösung beizutragen.

Berücksichtigung der empfohlenen Mindestinhalte der IT-Dokumentation

Für jeweilige IT-Themenfelder übliche Mindestinhalte sollten in der IT-Dokumentation enthalten sein. Eine detaillierte Übersicht dieser Mindestinhalte wird in Kapitel 4.4 dieses Leitfadens gegeben.

Hinweis: i

Die Berücksichtigung der Mindestinhalte muss nicht zwingend vollkommen analog der Themenzuordnung aus Kapitel 4.4 erfolgen. Der Schnitt der Themen zwischen einzelnen IT-Disziplinen/-Einheiten eines Unternehmens bzw. den entsprechenden IT-Dokumenten ist weitgehend individuell und von jeweiligen Unternehmensspezifika und der Art der IT-Leistungserstellung abhängig. Die genannten Mindestinhalte sollten insgesamt in der IT-Dokumentation des Unternehmens adressiert werden und es sollte mit dem Mandanten abgestimmt werden, in welchen Dokumenten sie verortet sind.

Berücksichtigung Vorgaben hinsichtlich Ausgestaltung der Nachweisdokumentation

Immer wenn Nachweisdokumentation erstellt werden muss, sollte bereits in der Vorgabedokumentation darauf eingegangen werden, in welchem/welcher Art/Umfang/Ausgestaltung dies später zu erfolgen hat.

Beispielsweise beschreibt die Vorgabedokumentation die detaillierte Ausgestaltung der Nachweisdokumentation des User Reviews, Protokollierung und Error Handling von Job-Abläufen oder die Dokumentation von Datensicherungsläufen.

In **Abb. 4.14** (Kapitel 4.3) wird diese Thematik dargestellt.

Angemessene Erstellung von Nachweisdokumentation

Die Durchführung wesentlicher Nachweisdokumentation (bspw. User Reviews, Protokollierung und Error Handling von Job-Abläufen oder die Dokumentation von Datensicherungsläufen) sollte ebenfalls qualitätsgesichert werden.

Neben der Einhaltung der grundsätzlichen Anforderungen an die Nachweisdokumentation (vgl. Kapitel 4.3) ist es wichtig, die üblicherweise je Themengebiet erwartete Nachweisdokumentation zu generieren (vgl. Kapitel 4.4).

Zudem sollte gegen die jeweiligen spezifischen Vorgaben für die konkrete Nachweisdokumentation (vgl. „Berücksichtigung Vorgaben hinsichtlich Ausgestaltung der Nachweisdokumentation“ weiter oben) abgeglichen werden.

5.2 Aufbau/Optimierung Dokumentationsmanagement

Ein weiterer Beratungsansatz kann der Auf-/Ausbau des Dokumentationsmanagements sein, welches die übergeordneten Abläufe und Basisparameter zur Planung, Steuerung und kontinuierlichen Weiterentwicklung von IT-Dokumentation im Unternehmen festlegt. In Kapitel 4.1 dieses Leitfadens werden die Bestandteile bzw. Anforderungen an das Dokumentationsmanagements detailliert dargestellt.

Praxistipp:
In der Praxis zeigt sich insbesondere der Geltungsbereich[127] der Vorgaben des Dokumentationsmanagements als eine besondere Herausforderung.

Oft ist zu beobachten, dass unterschiedliche Unternehmensbereiche und ggf. auch IT-Teildisziplinen im Vorgehen der IT-Dokumentation voneinander abweichen. Insbesondere ist dies auch der Fall bei IT-Dokumentation, die im Verantwortungsbereich externer Dienstleister steht.

Die pauschale Gültigkeit aller zentralen Vorgaben des Dokumentationsmanagements für die gesamte IT-Dokumentation (alle Unternehmensbereiche und IT-Teildisziplinen, intern wie extern) muss nicht immer zielführend sein. Beispielsweise lassen sich externe Dienstleister die Einhaltung der zentralen Vorgaben des Dokumentationsmanagements (was ggf. eine Überführung ihrer Standard-IT-Dokumentation in unternehmensinterne Formate bedeuten würde) teuer bezahlen; zugleich ist der Mehrwert dieser Übung für das beauftragende Unternehmen vermutlich äußerst gering. Derartige Fälle sollten explizit analysiert und ggf. Ausnahmeregelungen für bestimmte Unternehmensbereiche/IT-Dienstleister schriftlich dokumentiert und nachgehalten werden.

Zu Aufbau/Optimierung des Dokumentationsmanagements gehört auch die detaillierte Betrachtung des Dokumentenlebenszyklus, die im folgenden Kapitel als eigener Beratungsansatz dargestellt wird.

5.3 Aufbau/Optimierung Dokumentenmanagement (Dokumentenlebenszyklus)

Der im Rahmen des Dokumentenmanagements festgelegte Dokumentenlebenszyklus beschreibt die Phasen von der Erstellung bis zur Archivierung/Löschung eines IT-Dokuments. Dieser Leitfaden empfiehlt die folgenden Phasen: 1. Erstellung/Aktualisierung, 2. Qualitätssicherung/Freigabe, 3. Veröffentlichung/Nutzung und 4. Archivierung/Löschung. Die empfohlenen Bestandteile bzw. Anforderungen an die-

[127] Vgl. hierzu auch Kapitel 4.1.

se Phasen werden detailliert in Kapitel 4.2 beschrieben und sollten im Rahmen des Beratungsauftrags abgeglichen/sichergestellt werden.

Es ist jedoch nicht zwingend, die identischen vier Phasen, wie sie in diesem Leitfaden empfohlen werden, umzusetzen. Abhängig von Art und Umfang der IT-Dokumentation eines Unternehmens bzw. der IT-Leistungserstellung können die Phasen auch anders geschnitten und bspw. weiter aufgeteilt werden und so ein feingranularer Dokumentenlebenszyklus etabliert werden. Wichtig ist auch hier, dass die in diesem Leitfaden dargestellten Bestandteile eines Dokumentenlebenszyklus enthalten sind, die Abfolge logisch nachvollziehbar ist und Übergangskriterien zwischen den einzelnen Phasen definiert sind.

Praxistipp:
Das Vorhandensein eines logischen und vom Wirtschaftsprüfer qualitätsgesicherten Dokumentenlebenszyklus ist Basis für eine angemessene Erstellung/Überarbeitung von IT-Dokumentation im Unternehmen, reicht jedoch alleine nicht aus.

Besonders wichtig ist, dass die einzelnen Anforderungen an die IT-Dokumentation den Verantwortlichen im Unternehmen bekannt sind und auch eingehalten werden.

Stichproben ausgewählter IT-Dokumentation zur Einhaltung des Dokumentenlebenszyklus im Unternehmen sind meist sinnvoll und können weiteren Handlungsbedarf aufdecken (bspw. Sensibilisierung der Mitarbeiter oder auch strengere Vorgaben zur Einhaltung). Die Stichproben sollten sich dabei über die unterschiedlichen Teildisziplinen der IT, Geschäftsbereiche und ggf. Standorte bzw. Dienstleister verteilen. Auch sollten unterschiedliche Dokumententypen in der Stichprobe betrachtet werden, um die Einhaltung des Dokumentenlebenszyklus umfassend bewerten und sicherstellen zu können.

5.4 Einführung eines Dokumentenmanagementsystems (DMS)

Die Einführung eines DMS kann für ein Unternehmen der zentrale Baustein zur Professionalisierung ihrer IT-Dokumentation inkl. der technischen Verankerung der Anforderungen des Dokumentationsmanagements/Dokumentenmanagements (Dokumentenlebenszyklus) sein.

Im Umkehrschluss kann aber die Einführung eines DMS, welches weder die eigenen Vorgaben an die IT-Dokumentation erfüllt noch die Akzeptanz der Mitarbeiter gewinnt, zentraler Anlass für eine dauerhaft schlecht gepflegte und vernachlässigte IT-Dokumentation sein.

i

Hinweis:
In Kapitel 8 dieses Leitfadens wird ein Exkurs zur Einführung eines DMS gegeben und die Erfolgsfaktoren werden herausgearbeitet.

Der Wirtschaftsprüfer kann mit seiner Erfahrung dem Mandanten bei der Einführung beratend zur Seite stehen und neben gesetzlichen/regulatorischen Fragestellungen, insbesondere auch Best-Practice-Gedanken einbringen. So kann er einen wesentlichen Beitrag dazu liefern, dass das DMS eines Unternehmens auf die hohe Qualität der IT-Dokumentation einzahlt und nicht nur einen „Datenfriedhof“ aufbaut.

5.5 Betrachtung der IT-Dokumentation im Rahmen von IT-Projekten

Häufig nimmt die IT-Dokumentation im Rahmen von IT-Projekten (bspw. Einführung neuer IT-Systeme) eine untergeordnete Rolle ein. Der Fokus liegt stattdessen auf der Herstellung der Funktionsfähigkeit der durchgeführten Änderungen.

Zum mehrdimensionalen Nutzen der IT-Dokumentation, auch hinsichtlich ihrer Bedeutung für eine angemessene Ausgestaltung der IT, verweisen wir auf Kapitel 3.5. Zudem erweist sich in der Praxis eine meist notwendige Nachdokumentation im Anschluss an IT-Projekte als fehleranfälliges und insgesamt teures Unterfangen – Feststellungen der prüfenden Einheiten (interne Revision und Wirtschaftsprüfer) geben in der Praxis hierzu oft Anlass.

Erfolgreiche IT-Projekte adressieren die Erstellung/Aktualisierung der IT-Dokumentation meist bereits als wesentlichen Bestandteil während der Projektlaufzeit. Der Wirtschaftsprüfer kann hierbei von zentraler Bedeutung dabei sein, die Angemessenheit der IT-Dokumentation, Einhaltung externer Vorgaben (Gesetze und Regulatorik) und interner Vorgaben (u. a. Dokumentationsmanagement und spezifische Regelungen wie bspw. IT-Sicherheit) zu begleiten und rechtzeitig Impulse zur Anpassung des Vorgehens zu setzen. Vorstellbar sind sowohl Qualitätssicherung einzelner Dokumente (vgl. Kapitel 5.1), des Dokumentationsmanagements (vgl. Kapitel 5.2) und des Dokumentenlebenszyklus (vgl. Kapitel 5.3) sowie die Einführung eines geeigneten DMS-Systems (vgl. Kapitel 5.4).

Im Rahmen eines auf dieser Weise qualitätsgesicherten IT-Projekts gelingt es Unternehmen, ihre IT-Dokumentation für den Projektscope (bspw. bestimmtes Geschäftsfeld, ausgewählte IT-Systeme oder IT-Teildisziplinen) nachhaltig zu verbessern. Unter Berücksichtigung der generierten „Lessons Learned" kann die IT-Dokumentation im Rahmen weiterer IT-Projekte systematisch im gesamten Unternehmen flächendeckend ausgebaut werden.

Praxistipp:
Die nachhaltige Verbesserung der IT-Dokumentation wird in den allermeisten Fällen nicht/nur erschwert parallel zum Tagesgeschäft möglich sein. Eine hohe Arbeitsbelastung und die größere Bedeutung anderer Fragestellungen sind hierfür meist die Gründe.

Falls ein Unternehmen die Notwendigkeit für ein „IT-Dokumentationsprojekt" nicht sieht oder hierfür keine ausreichenden Ressourcen bereitstellt, kann die Überarbeitung der IT-Dokumentation im Rahmen von IT-Projekten eine äußerst geeignete Alternative darstellen. Die Weiterentwicklung der gesamten IT-Dokumentation eines Unternehmens kann so aus einem einzelnen IT-Projekt heraus angestoßen werden.

i

Hinweis:
Exkurs: Warum scheitern Dokumentationsprojekte?[128]

In der Praxis treten regelmäßig mehrere Probleme gleichzeitig auf:

- Unterschätzung des Dokumentationsaufwands bzw. fehlende Ressourcenausstattung
- Fehlende Zieldefinition
- Dokumentationslösung erfüllt nicht die Anforderungen
- Zurückstellung des Dokumentationsprojekts aufgrund anderer Projekte
- Zentrale Personen und damit verbundene Kompetenzen verlassen das Unternehmen

5.6 Quick-Check IT-Dokumentation

Bei jeder Arbeit des Wirtschaftsprüfers im Umfeld der IT-Dokumentation und ggf. auch ohne explizite Beauftragung hierzu liegt es nahe, sich mit wenigen Fragen einen Überblick über den Stand der IT-Dokumentation im Unternehmen zu machen.

Mögliche Fragen können sein:

- Welche Bedeutung hat IT-Dokumentation für das Management und die Mitarbeiter?
- Welche Anforderungen stellen die Stakeholder an die IT-Dokumentation?
- Was sind die Kernpunkte des etablierten Dokumentationsmanagements?
- Wie ist das Dokumentenmanagement bzw. der Dokumentenlebenszyklus ausgestaltet? Welche Phasen sind definiert?
- Welche Toolunterstützung erfolgt für den Dokumentenlebenszyklus?
- Was ist der Geltungsbereich des Dokumentations-/Dokumentenmanagements? Welche Ausnahmen gibt es?
- Sind die Vorgaben im Unternehmen bekannt und werden diese eingehalten? Sind die Mitarbeiter damit zufrieden?
- Welche Probleme gibt es im Umfeld der IT-Dokumentation? Bestehen Verbesserungspotenziale?

128 Vgl. Bluhm (2020), S. 39.

Praxistipp:
Die Antworten eines Mandanten auf die wenigen, jedoch essentiellen Fragen des Quick-Check können dem Wirtschaftsprüfer Anlass geben, sich intensiver mit dem Thema IT-Dokumentation bei dem Mandanten zu befassen und ggf. die weiteren, in Abschnitt 5 dieses Leitfadens beschrieben Ansätze zur Qualitätssicherung/Beratung anzubieten.

6 Exkurs 1: Toolunterstützung in der Praxis

Anforderungen von Unternehmen an die Toolunterstützung im Umfeld der IT-Dokumentation können vielfältig sein. Oftmals wird bezüglich der **Vorgabedokumentation** das Ziel verfolgt, den Dokumentenlebenszyklus (vgl. Kapitel 4.2) vollständig abzubilden, inkl. Darstellung von bspw. Qualitätssicherungs-/Freigabeschritten sowie Ablage/Veröffentlichung/Nutzung (inkl. Berechtigungsverwaltung). Abhängig von Art und Umfang der IT-Dokumentation kann es in der Praxis aber auch sinnvoll sein, nur ausgewählte Phasen/Aufgaben des Dokumentenlebenszyklus toolgestützt abzubilden. Es ist auch möglich mehrere Tools einzusetzen, die dann jedoch zusammenarbeiten müssen.

Hinweis: i
Gängige **Dokumentenmanagementsysteme** (DMS) können alle vier Phasen des Dokumentenlebenszyklus abdecken/steuern. In Kapitel 8 dieses Leitfadens wird ein Exkurs zur Einführung eines DMS gegeben.

Darüber hinaus kann ein zusätzlich **spezifischer Tooleinsatz** die Einzeldisziplinen innerhalb der Phasen des Dokumentenlebenszyklus unterstützen. Im Folgenden werden ausgewählte Einsatzmöglichkeiten solcher Tools dargestellt:

Bei der **Erstellung/Aktualisierung (Phase 1)** von IT-Dokumentation kann auf gängige Textverarbeitungssoftware zurückgegriffen werden. Diese bietet den Vorteil, dass Mitarbeiter mit der Nutzung vertraut und die Anwendungen in den allermeisten Fällen bereits im Unternehmen verfügbar sind. Ein integriertes Vorlagenmanagement trägt dabei zudem wesentlich zur Vereinheitlichung der erstellten IT-Dokumentation bei.

Um sowohl die in diesem Leitfaden dargestellten Anforderungen an IT-Dokumentation, wie bspw. konsistente Pflege von Dokumenteneigenschaften, Versionierung und Änderungshistorie (Details vgl. Kapitel 4.2.1), sicherzustellen als auch eine effektive/effiziente gemeinschaftliche Bearbeitung der IT-Dokumentation zu ermöglichen, empfiehlt sich der Einsatz moderner Collaboration Tools bzw. Wiki-Software. Diese ermöglichen meist auch eine deutlich vereinfachte Pflege voneinander abhängiger IT-Dokumentation, bspw. indem Redundanzen und Inkonsistenzen durch gegenseitiges Referenzieren und Nutzung von Textbausteinen minimiert werden.

Die Dokumentation von Prozessen erfolgt in der Praxis auch heute noch oft manuell (bspw. mit Präsentations-/Visualisierungsprogrammen). Im Gegensatz dazu bieten moderne Prozessmodellierungstools nicht nur eine deutlich vereinfachte Möglichkeit zur automatischen Modellierung und Darstellung komplexer Prozesse (bspw. Drill-down-Möglichkeit), Dokumentation zugehöriger Kontrollen, Verlinkung auf zugehörige Assets (bspw. IT-Systeme und Dienstleister), sondern auch die Möglichkeit der Abbildung von Workflows (inkl. ihres Exports in andere IT-Systeme).

Die **Qualitätssicherung/Freigabe (Phase 2)** von IT-Dokumentation erfolgt in der Praxis oft manuell bzw. über Freigabe durch E-Mails. Der Einsatz eines gängigen Ticketmanagementtools ermöglicht die workflowbasierte Durchführung von Qualitätssicherung und Freigabe der IT-Dokumentation. Collaboration Tools bzw. Wiki-Software bietet ebenfalls meist eine leicht zu steuernde und transparente Abbildung von Qualitätssicherungs- und Freigabeschritten.

Eine manuelle **Veröffentlichung/Nutzung (Phase 3)** von IT-Dokumentation, bspw. über Ordnerstrukturen/Filelaufwerke, ist möglich, kann jedoch hinsichtlich der Steuerung der Zugriffsberechtigungen sowie der transparenten und leicht auffindbaren Bereitstellung im Unternehmen zu Herausforderungen führen. Die Bereitstellung von IT-Dokumentation über Intranetportale, Collaboration Tools bzw. Wiki-Software erlaubt eine vereinfachte Steuerung und wird zudem in der Praxis von den Mitarbeitern meist besser angenommen.

Für Schulungsmaßnahmen zur IT-Dokumentation wird der Einsatz von entsprechenden Schulungstools und/oder die Videoaufnahme von Präsenzschulungen empfohlen, um alle Mitarbeiter zu erreichen (ggf. auch zum anlassbedingten Wiederauffrischen der Schulungsinhalte oder um Nachholtermine zu ermöglichen).

Bei der **Archivierung/Löschung (Phase 4)** von IT-Dokumentation nach Ablauf ihrer Gültigkeit können gängige Datensicherungs-/Archivierungstools unterstützen. Wichtig dabei ist, dass auch die IT-Dokumentation in die automatisierten Archivierungsläufe einbezogen und der Zugriff auf archivierte IT-Dokumentation überprüft wird. So kann sichergestellt werden, dass bspw. Anfragen des Wirtschaftsprüfers zu älteren Versionsständen der IT-Dokumentation stets bedient werden können.

Nachweisdokumentation wiederum kann in weiten Teilen ebenfalls toolbasiert erstellt werden, bspw. automatisierte Dokumentation IT-gestützter Verarbeitungen (inkl. Darstellung aufgetretener Verarbeitungsfehler) oder diverse Reportingmöglichkeiten. Nicht nur erhöht eine toolbasierte Erstellung der Nachweisdokumentation gegenüber manuellen Methoden („Abarbeiten ausgedruckter Listen") die Geschwindigkeit und Qualität des Vorgehens, sondern sie erfüllt zugleich erhöhte Anforderungen bspw. des Wirtschaftsprüfers an ordnungsgemäße Nachweispflicht.

Hinweis: i

Quellen von toolbasierter Nachweisdokumentation können IT-Tools sein, welche die jeweiligen spezifischen IT-Disziplinen unterstützen. Hierzu gehören bspw.:

- Monitoringsysteme (Überwachung IT-Assets inkl. mobiler Endgeräte)
- CMDB
- Projektmanagementsoftware
- Schließsysteme (Zutrittsüberwachung)
- Risikomanagementtool
- Virenschutz und Firewall
- SIEM
- Intrusion Detection
- Identity und Access Management Tools (Benutzerberechtigungsmanagement)
- BCM Tools
- Ticketmanagement Tool, IT-Servicemanagement Tools (bspw. Incidents, Problems)
- Testmanagementsoftware (Test und Defect Management)

- Softwareentwicklungstools (bspw. Versionsverwaltung von Komponenten)
- Sicherungs- und Archivierungssoftware
- Tools zum IT-Betrieb (bspw. Jobsteuerung und Überwachung)
- Tools zu Dienstleistermanagement und -überwachung

Eine weitere Quelle für toolbasierte Nachweisdokumentation können bspw. auch Fachanwendungen sein:

- ERP-Anwendungen
- Finanzbuchhaltung und Controlling
- Zahlungsverkehr
- Schnittstellen zu externen Systemen und Geschäftspartnern (bspw. EDI/EAI)

Diese und weitere fachliche Anwendungen generieren umfangreiche technische Protokolle und Reports, welche einen Nachweis über ordnungsgemäße Funktionsweise und Verarbeitung dokumentieren und bspw. auch in Prüfungshandlungen des Wirtschaftsprüfers als IT-Nachweisdokumentation Relevanz haben.

Praxistipp:
Die Tool-Landschaft unterliegt einer laufenden Weiterentwicklung und regelmäßig erscheinen neue Technologien sowohl auf der Seite spezifischer IT-Tools als auch in Bezug auf Fachanwendungen. Nicht selten spielt die Erfüllung der IT-Dokumentationspflicht nur eine untergeordnete oder sogar gar keine Rolle bei der Softwareauswahl.

Es bietet sich an, dass der Wirtschaftsprüfer bei der Softwareauswahl mit einbezogen wird, um entsprechende Anforderungen an die IT-Dokumentation (Vorgabe- und Nachweisdokumentation) angemessen zu berücksichtigen, gleichzeitig die Besonderheiten des Unternehmens mit einzubeziehen und so ein passendes Tool auszuwählen.

7 Exkurs 2: Nutzung etablierter IT-Dokumentenvorlagen/Templates

Die Erstellung und Bereitstellung von Vorlagen[129] für die jeweiligen IT-Dokumententypen (bspw. Strategien, Richtlinien oder Konzepte) kann äußerst sinnvoll sein und einen wesentlichen Beitrag zur Qualität der IT-Dokumentation liefern (sowohl hinsichtlich Struktur als auch Inhalt). Auch können ein gesteigerter Wiedererkennungswert und geringere Einarbeitungszeit der Mitarbeiter den Aufwand für die Erstellung und Überarbeitung der IT-Dokumentation eines Unternehmens deutlich reduzieren.

Praxistipp:
Eine zentrale Ablage/Bereitstellung von IT-Dokumentenvorlagen, die Schulungen der Mitarbeiter hierzu sowie die regelmäßige Überprüfung der Nutzung/Einhaltung der Vorlagen hat sich in der Praxis bewährt und wird unbedingt empfohlen.

Bei der Erstellung von IT-Dokumentation bietet es sich an, für ausgewählte Themengebiete auch auf die am Markt verfügbaren[130] Dokumentenvorlagen zurückzugreifen. Im Folgenden wird ein Auszug bekannter IT-Dokumentenvorlagen dargestellt:

Quelle	Vorlagen	Hinweise
BSI (u. a. UMRA, IT-Grundschutz-Kompendium)	– Leitlinie Notfallmanagement – Notfallvorsorgekonzept – Geschäftsfortführungspläne – Business Impact Analysis – Tests und Übungen – Schulung und Sensibilisierung – Audit	Vielzahl an klar definierten Vorgaben zur BSI-konformen Ausgestaltung der Themen im IT-Grundschutz-Kompendium

[129] Vorlagen werden häufig in der Praxis mit dem englischen Begriff „Templates“ bezeichnet.
[130] Ggf. setzt der Zugriff auf bestimmte Dokumentenvorlagen auch eine Verbandsmitgliedschaft etc. voraus.

Quelle	Vorlagen	Hinweise
IT-Softwarehersteller	– Softwarekonzepte für bestimmte IT-Services (analog zu Unternehmensservices) – Whitepaper zur Implementierung und/oder Erstellung bestimmter IT-Prozesse – Handbücher zur weiteren unternehmensspezifischen Konkretisierung – Customizingkonzepte – Anforderungsdokumentation zur Änderung an Systemen – Diverse Betriebsdokumentation	Von den Softwareherstellern gelieferte Dokumentation kann unternehmensinterne Dokumentationsaufwände signifikant reduzieren; nicht immer kann diese vollständig übernommen werden, meist jedoch darauf aufgesetzt werden
Sonstige Quellen	– Verfahrensdokumentationen (bspw. für die „Belegablage" von AWV oder zum „ersetzenden Scannen" von BStBK/DStV)	Vorlage grundsätzlich auch allgemein einsetzbar/anpassbar für andere Sachverhalte
Wirtschaftsprüfer	– Branchenerfahrungen und Wissen über unterschiedlichste IT-Dokumentation in Unternehmen	Nutzung der Erfahrungen einer breiten Masse an IT-Dokumentation und Unternehmens-Know-how verschiedener Branchen und IT-Disziplinen; ggf. sogar Nutzung eines aufgebauten Vorlagenfundus

Tab. 7.1: Übersicht etablierter IT-Dokumentationsvorlagen

Praxistipp:
Nutzung von extern verfügbaren Dokumentenvorlagen

Vorhandene Vorlagen für IT-Dokumentation können eine gute Grundlage darstellen, um einen schnellen Aufbau der eigenen IT-Dokumentation eines Unternehmens zu ermöglichen und die wesentlichen Anforderungen abzudecken.

Oft jedoch erfüllen diese Vorlagen nicht (vollständig) die eigenen Anforderungen eines Unternehmens an die IT-Dokumentation (bspw. fehlende Dokumenteneigenschaften) oder decken unternehmensspezifische Besonderheiten nicht ab. Vor diesem Hintergrund wird nicht empfohlen, extern verfügbare Vorlagen unreflektiert/unverändert zu übernehmen, sondern deren Inhalte zu nutzen und in eigene Vorlagen zu überführen, die dann auch die Anforderungen an die eigene IT-Dokumentation erfüllen und Besonderheiten des Geschäftsmodells und der IT-Leistungserstellung eines Unternehmens berücksichtigen.

Auch wenn eine unmittelbare Nutzung extern verfügbarer Vorlagen nicht zielführend erscheinen mag, können diese jedoch einen wesentlichen Beitrag zur Qualität der IT-Dokumentation leisten und eine Aufwandsersparnis mit sich bringen.

8 Exkurs 3: Einführung eines Dokumentenmanagementsystems (DMS)

Hinweis:
Viele Unternehmen verfügen zwar über ein ausgeprägtes Qualitätsmanagement, halten das Dokumentenmanagement jedoch für eine Disziplin von lediglich untergeordneter Relevanz. Entsprechend gering oder gar nicht fällt auch das Investment in ein Dokumentenmanagementsystem (DMS) aus. Dass dieses jedoch eine signifikante Auswirkung auf die Qualität der IT-Dokumentation eines Unternehmens haben kann, wird oft vernachlässigt.

Ein DMS ermöglicht die Digitalisierung/Automatisierung der einzelnen Aufgaben/Abläufe der Phasen des Dokumentenlebenszyklus, wie in Kapitel 4.2 dargestellt. Dokumentenmanagementsysteme können dabei sowohl alle Phasen des Dokumentenlebenszyklus (Erstellung/Aktualisierung, Qualitätssicherung/Freigabe, Veröffentlichung/Nutzung und Archivierung/Löschung) oder auch nur einzelne Phasen unterstützen. Eine allgemeingültige Regel zu einem „optimalen" Abdeckungsgrad gibt es nicht, vielmehr hängen Art und Umfang der sinnvollen Funktionalitäten eines DMS stark vom jeweiligen Unternehmen, dessen IT-Leistungserstellung und bereits im Vorfeld der IT-Dokumentation im Einsatz befindlichen weiteren Tools ab.

Praxistipp:
Mögliche Abfolge der DMS-Einführung im Rahmen eines Projekts:

1. Vorstudie: Ist-Analyse, grobe Anforderungserhebung (Fokus auf Definition der Abdeckung des Dokumentenlebenszyklus[131]), Machbarkeit, Entscheidung zur Umsetzung
2. Anbieterauswahl: Überprüfung Erfüllung Anforderungen, Vorführung Prototyp, ggf. Überprüfung genannter Referenzen
3. Angebotsverhandlung und Vertragsschluss

[131] Ggf. ist im Rahmen dessen auch eine Schärfung der Phasen bzw. Vorgaben des im Unternehmen gültigen Dokumentenlebenszyklus notwendig.

4. Detaillierte Anforderungserhebung und -dokumentation inkl. Erstellung der zugehörigen IT-Dokumentation sowie Aufnahme/Berücksichtigung des DMS in die IT-Dokumentationsrichtlinie
5. Implementierung DMS
6. Test und Freigabe
7. Schulung der Mitarbeiter (meist parallel zu Implementierung und Test)
8. Überwachung/Begleitung nach Einführung (inkl. Lessons Learned und weiterem Optimierungspotenzial)

In der Praxis bewährt sich meist die Einführung eines DMS für einen bestimmten Geschäftsbereich oder ein bestimmtes IT-Themengebiet und das anschließende Ausrollen auf das gesamte Unternehmen. Die gesamthafte Überführung der IT-Dokumentation eines Unternehmens in ein neues DMS im Rahmen eines „Big Bang" kann mitunter aufgrund der Vielzahl an Dokumenten sowie beteiligten Mitarbeiter nur schwer realisierbar sein.

Bei jeder Einführung eines DMS ist zwingend darauf zu achten, dass Dokumentationsmanagement, Dokumentenmanagement (inkl. Dokumentenlebenszyklus) und DMS genauestens aufeinander abgestimmt sind. Vorgaben zur IT-Dokumentation müssen exakt im DMS umgesetzt werden und im Gegenzug das DMS in der Dokumentationsrichtlinie berücksichtig werden. Gegebenenfalls bedarf die Einführung eines DMS auch einer Anpassung der Vorgaben zum Dokumentenlebenszyklus, was wiederum zwingend in der Dokumentationsrichtlinie zu dokumentieren ist (bspw. falls seitens des DMS Phasen und/oder Workflowschritte fest vorgegeben sind).

Die Praxis zeigt, dass regelmäßig Abweichungen zwischen der Vorgabenseite und der Umsetzung im DMS vorliegen. Um die Einhaltung der eigenen Vorgaben an IT-Dokumentation zu gewährleisten, den Mitarbeitern eine konsistente Umgebung für deren IT-Dokumentationsarbeit bereitzustellen und somit letztlich auch eine hohe Qualität der IT-Dokumentation zu fördern, sollten diese jedoch nicht bestehen. Ferner schreiben sich Fehler aus einem inkonsistent aufgesetzten DMS im Betrieb und den IT-Systemen fort (bspw. aufgrund fehlerhafter QS- und Freigabeprozesse).

Die Einführung eines DMS als Plattform für die IT-Dokumentation eines Unternehmens erfordert eine weitreichende Planung. Oftmals werden hierbei primär nur technische Aspekte des DMS betrachtet (bspw. Performance des Systems oder Zugriffsmöglichkeit mit mobilen Endgeräten). Mindestens genauso wichtig ist jedoch auch die fachliche/prozessuale Ausgestaltung des DMS, bspw. gesamthafter Umgang mit IT-Dokumentation im Unternehmen, Abgrenzung der Nutzung des DMS, Auswahl/Abbildung der Phasen des Dokumentenlebenszyklus und Usability für die Mitarbeiter. Auch ist einerseits zwingend das Committment des Managements einzuholen und andererseits die Akzeptanz der Mitarbeiter bezüglich der Nutzung des DMS zu gewinnen.

Wichtig ist das Verständnis, dass die Einführung eines DMS nicht nur alleine ein IT-Thema ist, sondern weitere Stakeholder im Unternehmen mit einschließt (Geschäftsführung, Qualitätsmanagement, Datenschutzbeauftragte, Sicherheitsbeauftragte, weitere Führungskräfte sowie die einzelnen Mitarbeiter im Unternehmen). Genauso reicht eine technische Einführung und Bereitstellung nicht aus und die Entscheidung zur Nutzung eines DMS muss im Unternehmen über einen längeren Zeitraum durch alle Hierarchiestufen proaktiv geplant sowie gefördert werden, damit es Nutzen erzeugt.

i

Hinweis:
Klassische Dateiablage vs. DMS-Verwaltung

In der klassischen Dateiablage auf Laufwerken wird meist versucht, unter Verwendung einer Ordnerhierarchie möglichst viele Eigenschaften des abzulegenden Dokuments zu hinterlegen, bspw.:

…/IT-Abteilung/Freigegebene-Dokumente/IT-Architektur/Netzwerkübersicht/ Netzwerkplan_2021_V2.3.1.vsd

In einem DMS sind ebenfalls Ordnerstrukturen abbildbar, es verfügt jedoch zusätzlich über einen signifikant größeren Funktionsumfang bzw. Möglichkeiten der Strukturierung:

- Hinterlegung beliebig vieler Dokumenteneigenschaften[132] (bspw. Geltungsbereich, Autor, Vertraulichkeit) und umfangreiche

[132] Vgl. Kapitel 4.2.1.

Such-, Auswertungs- und Filtermöglichkeiten; diese können bspw. sein:

- IT-Dokumente eines bestimmten Bereichs/Themengebiets
- Bestimmte Dokumentenklassen/-typen
- Autoren
- Bearbeitungsstatus
- Änderungsdatum
- Abhängigkeiten zwischen Dokumenten
- Zielgerichtete Auswertungen/Dokumentenbereitstellungen, bspw. für Anfragen von Wirtschaftsprüfern, IT-Projekten etc.

- Abbildung Workflows zu bspw. Qualitätssicherung und Freigabe
- Automatisierte Versionskontrolle
- Nachvollzug Änderungen
- Steuerung von Verteilung/Bereitstellung im Unternehmen (ggf. auch Zugriff beliebiger Endgeräte inkl. Mobile Devices)
- Weitreichendes Berechtigungsmanagement bzgl. Änderungen und Zugriff
- Regelbasierte Archivierung/Löschung

Grundsätzlich kann die Verwaltung von IT-Dokumentation in einem DMS im Vergleich zu klassischen Ordnerstrukturen auch die Einhaltung der Schutzziele Vertraulichkeit, Integrität und Verfügbarkeit (vgl. Kapitel 3.7) deutlich vereinfachen und verbessern.

9 Zusammenfassung und Ausblick

IT-Dokumentation als Chance zur Steigerung der Qualität der IT-Leistungserstellung und als Beitrag zum Unternehmenswert, anstatt nur als lästige Pflicht verstehen.

Dieser Leitfaden hat eine Einführung in die Thematik der IT-Dokumentation gegeben, den mehrdimensionalen Nutzen von IT-Dokumentation dargelegt, Best-Practice-Hinweise zur Ausgestaltung von Dokumentationsmanagement/Dokumentenmanagement (inkl. Dokumentenzyklus) aus der Praxis vermittelt, die wesentlichen Bestandteile üblicher IT-Dokumentation herausgearbeitet, die Rolle des Wirtschaftsprüfers hervorgehoben und ihm mögliche Beratungsansätze transparent gemacht.

Ziel der IT-Dokumentation ist es, durch angemessene Dokumentation der Vorgaben einen ordnungsgemäßen, stabilen und sicheren Ablauf aller IT-Prozesse und IT-gestützten Geschäftsprozesse zu gewährleisten und diesen anhand von geeigneter Nachweisdokumentation auch nachvollziehbar überprüfen und belegen zu können.

Leider besetzt die IT-Dokumentation in der Praxis immer noch oft einen verlassenen Posten. Ihre Erstellung und Aktualisierung ist mitunter in Unternehmen sehr unbeliebt, da sie mit unnötiger Mehrarbeit und fehlendem Nutzen für das Unternehmen assoziiert wird. Die dem gegenüberstehenden Nutzenaspekte sind oftmals gar nicht bekannt und müssen einem Unternehmen bzw. dessen Management und Mitarbeitern erst erläutert werden. IT-Dokumentation dient dem Management als Instrument zur Einhaltung und Überwachung gesetzlicher, regulatorischer und interner Vorgaben. Auf operativer Ebene dient sie den Mitarbeitern als Nachschlagewerk und zur Vereinfachung, Sicherstellung und Nachweis angemessener Abläufe im Unternehmen. Für den Wirtschaftsprüfer stellt sie die Basis jeder IT-Prüfung dar, um sich vom ordnungsgemäßen Aufbau und Ablauf IT-bezogener Prozesse zu überzeugen.

Die Grundlage für die Erstellung von IT-Dokumentation liefern zahlreiche und einer stetigen Weiterentwicklung unterliegende gesetzliche und regulatorische Vorgaben. Sie enthalten vielschichtige Anforderungen an die IT-Dokumentation und stellen dadurch Unternehmen häufig vor die Frage, welche Dokumentation in welcher Form notwendig ist, um die Anforderungen ordnungsgemäß umzusetzen und keine Verstöße zu riskieren.

Die Bedeutung der IT-Dokumentation steigt vor dem aktuellen Hintergrund stark zunehmender pandemiebedingter Digitalisierungsbestrebungen und aufgrund der stetig wachsenden externen Anforderungen (bspw. erhöhte Sicherheitsanforderungen und Prüfungsbestrebungen). Die veraltete Ansicht, dass IT-Dokumentation eine „Disziplin der IT-Kollegen im Keller" darstellt (mitunter auch despektierlich als „Dokumentation von Freaks für Freaks" bezeichnet), ist längst überholt. Die IT vernetzt sich in alle Bereiche des Unternehmens, daher wird es die reine IT-Dokumentation nur noch in wenigen Ausprägungen geben und zwischen Fach- und IT-Kollegen erstellte, interdisziplinäre IT-Dokumentation an Bedeutung gewinnen.

Die Überwindung, ein effektives Dokumentationsmanagement und Dokumentenmanagement (inkl. angemessenem Dokumentenlebenszyklus) zu entwickeln, auszurollen und nachzuhalten, erfordert neben vollem Committment des Managements auch Mitarbeiter, denen der Mehrwert guter IT-Dokumentation – auch bezüglich ihrer eigenen Arbeit – transparent ist und die Initiative zur Verbesserung der IT-Dokumentationsqualität ergreifen möchten. Unternehmen müssen davon wegkommen, IT-Dokumentation lediglich als einen gezwungenermaßen zu bewirtschaftenden „Dokumentenfriedhof" anzusehen.

Die Vermittlung von Notwendigkeit und mehrdimensionalem Nutzen der IT-Dokumentation über alle Hierarchieebenen hinweg kann ein langwieriger und mühsamer Prozess im Unternehmen sein, der grundlegende Vorbereitungen in Form eines Managementrahmens für Dokumentation bis hin zu spezifischen Regelungen und Vorlagen für IT-Dokumente im kompletten Dokumentenlebenszyklus benötigt.

Umso wichtiger ist es, die Konzeption und Erstellung gut zu planen und als festen Bestandteil beim Management und in operativen Aufgabenprofilen zu verankern. Gleichzeitig muss der komplette Dokumentenlebenszyklus durch jeden im Unternehmen gelebt werden, um langfristig Mehrwert zu erzeugen. Nur so kann der Nutzen der IT-Dokumentation vollständig realisiert werden.

Der Wirtschaftsprüfer sollte die umfangreichen, in diesem Leitfaden dargestellten Dimensionen und Fragestellungen zur IT-Dokumentation kennen und diese dazu einsetzen, Unternehmen auf deren Weg zu einem ausgereiften und Mehrwert stiftenden Dokumentationsmanagement und Dokumentenmanagement zu unterstützen.

10 Verzeichnisse

10.1 Glossar

Begriff	Begriffserklärung
Asset	Ein Asset im Kontext von IT-Dokumentation bezeichnet sämtliche Software- und Hardware, IT-Dienste, IT-Dienstleister, Gebäude etc. zur IT-Leistungserstellung.
Bankaufsichtliche Anforderungen an die IT (BAIT)	Anforderungen an Kreditinstitute, welche vorgeben, wie die sichere Ausgestaltung der IT-Systeme sowie zugehörige Prozesse und die IT-Governance vorgenommen werden sollten[133].
Best-Practice	Best-Practice sind bewährte Methoden, Praktiken und Vorgehensweisen aus der Praxis oder auch bewährte Verfahren in Unternehmen.
Business Process Modelling and Notation (BPMN)	Business Process Modelling and Notation ist eine grafische Spezifikationssprache in der Wirtschaftsinformatik und im Prozessmanagement (Herausgeber: OMG).
Bring Your Own Device (Management) [BYOD(M)]	Die Möglichkeit, private mobile Geräte im Unternehmen zu nutzen und mit diesen auf geschützte Bereiche (bspw. Netzlaufwerke) bzw. Unternehmensanwendungen zugreifen zu können; das Management hierzu beschreibt die Maßnahmen, die durch ein Unternehmen diesbezüglich getroffen werden[134].
Collaboration Tool	Anwendungen/Plattformen zur kollektiven Betrachtung und Bearbeitung von Inhalten durch mehrere Mitarbeiter parallel
Compliance-Management-System (CMS)	Gesamtheit der in einem Unternehmen eingerichteten Maßnahmen, Strukturen und Prozesse, um Regelkonformität bzgl. externer/interner Anforderungen sicherzustellen
Configuration Management Database (CMDB)	Eine Configuration Management Database ist eine (zentrale) Datenbank, welche Informationen und Basisparameter über Hardware- und Software-Assets speichert und verwaltet.
Continuous Improvement	Kontinuierlicher Verbesserungsprozess mit dem Ziel, eine stetige Verbesserung der Produkt-, Prozess- und Servicequalität zu erreichen
Cyberangriff	"[E]ine Einwirkung auf ein oder mehrere andere informationstechnische Systeme im oder durch den Cyber-Raum, die zum Ziel hat, deren IT-Sicherheit durch informationstechnische Mittel ganz oder teilweise zu beeinträchtigen"[135].

133 Vgl. Bafin (2017).
134 Vgl. Siepermann (2019).
135 BSI (2021).

Begriff	Begriffserklärung
Datenmigration	Eine Datenmigration findet meist bei einer Einführung neuer IT-Systeme statt. Dabei werden Daten und/oder IT-Systeme auf andere IT-Infrastrukturen und/oder Systeme übertragen.
Defect	Fehler, Mangel oder Abweichung, bspw. bei der Softwareentwicklung
Dokumentations-management	Das Dokumentationsmanagement legt die übergeordneten Rahmenbedingungen zur Planung, Steuerung und kontinuierlichen Verbesserung von IT-Dokumentation im Unternehmen fest. Es verfolgt das übergeordnete Ziel, anforderungsgerechte IT-Dokumentation bereitzustellen und einen Beitrag zur Governance der Dokumentation (d. h. Steuerung im Sinne der Unternehmensziele) sowie Compliance (d. h. Übereinstimmung mit internen/externen Vorgaben) zu leisten.
Dokumentations-richtlinie	Eine IT-Dokumentationsrichtlinie (oft auch IT-Dokumentations-Policy genannt) definiert verbindliche, übergeordnete Regelungen und Rahmenbedingungen für die gesamte (IT-) Dokumentation im Unternehmen.
Dokumenten-eigenschaften	In den Dokumenteneigenschaften werden vorgegebene Basisparameter wie bspw. Geltungsbereich, Autor und Bearbeitungsstatus eines Dokuments hinterlegt. Sie dienen dazu, die IT-Dokumentation im Unternehmen einheitlich zu strukturieren/klassifizieren und die Verwendung sowie das Auffinden von Informationen zu erleichtern.
Dokumenten-klasse	Dokumentenklassen ordnen die IT-Dokumentation eines Unternehmens nach einer organisatorischen Klassifizierung bzw. nach Themengebieten (bspw. IT-Sicherheit oder IT-Notfallmanagement). Dokumentenklassen können in weitere Unterklassen unterteilt werden (bspw. IT-Sicherheit in physische Sicherheit und Cyber Security).
Dokumenten-landkarte	Eine Dokumentenlandkarte positioniert vorhandene Dokumente wie auf einer Landkarte grafisch innerhalb eines Unternehmens und stellt im Idealfall den Zusammenhang zwischen ihnen her.
Dokumentenlebens-zyklus	Der Dokumentenlebenszyklus beschreibt die Phasen eines Dokuments von der Erstellung bis hin zur Archivierung bzw. Löschung. Er sollte zentral vorgegeben und im definierten Geltungsbereich eingehalten werden.
Dokumenten-management	Das Dokumentenmanagement ist ein Teilbereich des Dokumentationsmanagements und bildet den Dokumentenlebenszyklus von Vorgabedokumenten ab. Es operationalisiert die Phasen eines Dokuments von der Erstellung bis hin zur Archivierung/Löschung.

Begriff	Begriffserklärung
Dokumenten-management-system (DMS)	Ein Dokumentenmanagementsystem (DMS) ermöglicht die Digitalisierung/Automatisierung der einzelnen Aufgaben/Abläufe der Phasen des Dokumentenlebenszyklus. Dokumentenmanagementsysteme können dabei sowohl alle Phasen des Dokumentenlebenszyklus (Erstellung/Aktualisierung, Qualitätssicherung/Freigabe, Veröffentlichung/Nutzung und Archivierung/Löschung) oder auch nur einzelne Phasen unterstützen. Eine allgemeingültige Regel zu einem „optimalen“ Abdeckungsgrad gibt es nicht, vielmehr hängen Art und Umfang der sinnvollen Funktionalitäten eines DMS stark vom jeweiligen Unternehmen, dessen IT-Leistungserstellung und bereits im Vorfeld der IT-Dokumentation im Einsatz befindlichen weiteren Tools ab.
Dokumenten-matrix	Eine Dokumentenmatrix dient dazu, die Dokumente im Unternehmen nach deren Eigenschaft/Zweck zu strukturieren und so besser verwaltbar und nutzbar zu machen. Die Dokumentenmatrix sollte die gängigen Dokumenteneigenschaften wie bspw. Dokumententitel, Dateiname, Geltungsbereich, Version, Angaben zur Qualitätssicherung und Freigabe etc. enthalten.
Dokumententyp	Dokumententypen fassen IT-Dokumente mit vergleichbaren Eigenschaften bzw. vergleichbarem Charakter zusammen (bspw. Strategien, Prozessbeschreibungen oder Systemprotokolle). Auch Dokumententypen können weiter unterteilt werden (bspw. Konzepte in Fachkonzepte und IT-Konzepte).
End-of-Life	End-of-Life bezeichnet das Ende einer Produktherstellung oder auch das Ende der Unterstützung eines Herstellers, z. B. bei Softwareupdates.
Error-Handling	Error-Handling ist die Fehlerbehandlung bei Programmunterbrechungen von Operationen (Prozeduren).
Firewall	Eine Firewall stellt ein Sicherungssystem dar, welches ein Rechnernetz oder eine einzelne Netzwerkkomponente vor unerwünschten Netzwerkzugriffen schützt.
Freigabe	Mit der Freigabe werden Dokumente zur Veröffentlichung und aktiven Nutzung im Unternehmen autorisiert.
Gamification	Damit ist die Anwendung von spieletypischen Eigenschaften in einer spielfremden Umgebung gemeint. Dies soll zur Motivation von Personen mit Hilfe von z. B. Ranglisten, Highscores und Fortschrittsbalken bei Arbeitsaktivitäten beitragen.
Go-Live	Mit dem Go-Live wird eine Software im Unternehmen veröffentlicht und die Nutzung offiziell begonnen.
Hardware	Physische Komponenten eines Systems, bspw. Server oder Netzwerktechnik
Individuelle Datenverarbeitung (IDV)	Von Fachbereichen selbst entwickelte bzw. betriebene Anwendungen außerhalb des Einflusses der IT-Abteilung, bspw. in Excel oder Access.

Begriff	Begriffserklärung
Intrusion Detection	Ein(e) Intrusion-Detection-Vorgehen/-Anwendung, dient zur aktiven Überwachung von IT-Systemen oder IT-Netzen hinsichtlich unberechtigtem Zugriff und soll Angriffe und Missbrauch erkennen.
IT-Architektur	Die IT-Architektur beschreibt die technischen Komponenten, (IT-Systeme, Schnittstellen, Datenströme, Anwendungen und Infrastrukturkomponenten) und deren Zusammenwirken.
IT-Compliance	IT-Compliance stellt einen Teilbereich der Compliance dar. Sie beschäftigt sich mit der Einhaltung von Anforderungen aus unterschiedlichsten internen und externen Quellen hinsichtlich des unternehmensweiten Einsatzes und der Ausgestaltung von IT. Dabei spielt es keine Rolle, ob IT-Dienste unternehmensintern oder durch externe Dienstleister erbracht werden[136].
IT-Dokumentation	„Alle Dokumente, die für den Sachverhalt ‚IT' erstellt werden, einschließlich der damit verbundenen Dokumentationsaufgaben."[137]
IT-Forensik	Analytische Vorgehensweise, welche zur Aufklärung von Auffälligkeiten und Verstößen im IT-Umfeld dienen soll.
IT-gestützte Geschäftsprozesse	Fachliche Geschäftsprozesse, die durch IT-Systeme unterstützt werden (bspw. Finanzbuchhaltung)
IT-Kosten-management	Das IT-Kostenmanagement hat das Ziel, einen effektiven und effizienten Ressourceneinsatz zu steuern, um die geplanten IT-Strategien möglichst wirtschaftlich zu erreichen.
IT-Prozess	Prozesse der IT-Leistungserstellung (bspw. IT-Berechtigungsmanagement, Change Management oder IT-Dienstleistersteuerung)
IT-System	System zur elektronischen Datenverarbeitung
Kryptografie	Unter Kryptografie versteht man die Wissenschaft der Entwicklung von kryptografischen Systemen. Mit kryptografischen Verfahren sollen Daten vor unbefugtem Zugriff geschützt und sicher ausgetauscht werden.
Lock-in-Effekt	Unter Lock-in-Effekt (auch Anbindeeffekt genannt) versteht man die enge Bindung eines Kunden an ein Produkt oder einen Dienstleister, welche einen Wechsel schwierig bzw. unwirtschaftlich macht.

[136] Nestler/Modi (2019), S. 19.
[137] Reiss/Reiss (2019), S. 356.

Begriff	Begriffserklärung
Nachweisdokumente	Ein Nachweisdokument dient dem Nachweis der Durchführung ordnungsgemäßer IT-Prozesse bzw. IT-gestützter Prozesse und wird währenddessen oder nachgelagert erstellt. Nachweisdokumente entstehen im Rahmen des Betriebs eines bestimmten Prozesses und zeigen an, ob dieser gemäß den Vorgaben abgelaufen ist und ob es bspw. Abweichungen/Probleme/Abbrüche gab. Im Anschluss dient ein Nachweisdokument dazu, nachzuweisen, ob/wie konform ein Prozess war. Nachweisdokumente können, je nachdem, was nachgewiesen werden soll, in unterschiedlichen Formaten vorliegen, bspw. in Form von Textdateien, Listen, grafischen Diagrammen, Dashboards etc. Nachweisdokumente müssen unveränderbar und somit eindeutig nachvollziehbar vorliegen, um eine angemessene Nachweisfunktion sicherzustellen und zugleich die Compliance mit dem Vorgabedokument zu gewährleisten.
Need-to-know-Prinzip	Beim Need-to-know-Prinzip geht man davon aus, dass eine Person nur Zugriff auf eine Information haben soll, wenn sie auch einen konkreten Auftrag dazu hat. Durch ein Berechtigungskonzept soll ein geregelter Zugriff sichergestellt werden.
Patch	Korrekturauslieferung für eine Software zur Behebung von Problemen/Schwachstellen
Penetrationstest	Sicherheitstest einzelner IT-Systeme oder Netzwerke hinsichtlich unberechtigter Zugriffe
Protokolldatei	Eine Protokolldatei (auch Log-Datei genannt) ist eine Dokumentation mit üblicherweise automatischem Zeitstempel, welche wichtige Ereignisse aus IT-Systemen festhält.
Qualitätssicherung	Die Qualitätssicherung eines Dokuments soll die Konformität mit Anforderungen aus externen Normen, aber auch eigenen unternehmensinternen Vorgaben an die IT-Dokumentation sicherstellen. In die Qualitätssicherung von Dokumenten sollten die wichtigsten Stakeholder eingebunden werden.
RACI-Matrix	Eine Übersicht, in der die Verantwortungszuordnungen (Responsible, Accountable, Consulted, Informed) dargestellt und analysiert werden können.
Recovery Point Objective (RPO)	Die Zeit, in der die jüngsten Daten bei einem Ausfall unwiederbringlich verloren gehen. RPO wird in der Regel in Stunden oder Tagen gemessen.
Recovery Time Objective (RTO)	Der Zeitraum vom Beginn eines Ausfalls bis zur Wiederaufnahme des Dienstes. RTO wird in der Regel in Stunden oder Tagen gemessen.
Risikoakzeptanzkriterien	Risikoakzeptanzkriterien sind Bezugskriterien, anhand derer die Vertretbarkeit eines spezifischen Risikos dargestellt/bewertet wird.

Begriff	Begriffserklärung
Schutzziele	Unter Schutzzielen versteht man grundsätzlich die Anforderungen an Assets zum Schutz von Daten/Informationen. Die drei wesentlichen Schutzziele der Informationssicherheit sind Vertraulichkeit, Integrität und Verfügbarkeit[138].
Security Information and Event Management (SIEM)	Automatisierte Sammlung und systematische Auswertung sicherheitsrelevanter Daten der IT-Systeme (bspw. Logfiles) zur Identifikation von Auffälligkeiten/IT-Sicherheitsvorfällen
Single Point of Truth	Dies beutetet „der einzige Punkt der Wahrheit", es handelt sich um ein Prinzip aus der Softwaretechnik. Das Prinzip zielt darauf ab, dass es für jede Information eine einzige korrekte Quelle gibt.
Source Code (Quelltext)	In einer Programmiersprache verfasste und von Menschen lesbare Programmierung eines Computerprogramms.
Sourcing-Strategie	Ist ein wichtiger Bestandteil der Einkaufsstrategie und gibt Antwort darauf, ob die wirtschaftliche Versorgung eines Unternehmens mit den erforderlichen Mitteln sichergestellt werden kann.
Software	Eine generelle Bezeichnung für ausführbare Programme mit zugehörigen Daten
Stakeholder	Personen oder Gruppen, welche ein Interesse oder eine Erwartung für bzw. an ein Thema haben
Systemhärtung	Die Technik der Konfiguration eines IT-Systems, sodass nur wesentliche Dienste und Funktionen aktiv sind und alle anderen deaktiviert. Dies trägt dazu bei, die „Angriffsfläche" eines Systems auf wesentliche Komponenten zu reduzieren.
Ticketmanagement Tool	Mit einem Ticketmanagement-Tool können Störungen, Änderungen oder Anfragen eines Unternehmens durch Mitarbeiter gesammelt, dokumentiert, organisiert und geregelt abgearbeitet werden.
Tone from the Top	Das Vorgeben/Vorleben von wichtigen Prinzipien durch das eigene Management/die Geschäftsleitung sowie ggf. die dazugehörigen etablierten Kommunikationsprozesse
Vertraulichkeitsstufen	Vertraulichkeitsstufen bei IT-Dokumentation dienen dazu, den Schutzbedarf der enthaltenen Informationen zum Schutzziel „Vertraulichkeit" zu vergeben und an bestimmte Zugriffsmöglichkeiten zu binden.

[138] Erklärung der Schutzziele erfolgt im Kapitel 3.7.

Begriff	Begriffserklärung
Vorgabedokument	Als Vorgabedokument stellt die IT-Dokumentation intern/extern begründete Anforderungen an Aufbau und Ablauf von IT-Prozessen (inkl. Kontrollen) bzw. dazugehörige Hardware, Software, Services, Mitarbeiter, IT-Dienstleister und weitere Assets (bspw. Gebäude). Entsprechende Vorgaben müssen vor der Durchführung der jeweiligen IT-Prozesse bzw. IT-gestützten Prozesse dokumentiert werden. Vorgabedokumente können nur nach einem vorgegebenen Prozedere verändert werden und in entsprechenden Revisionsständen/Versionen vorliegen.
Vorlagen-management	Steuerung von Vorlagen im Unternehmen; durch Verwendung von Vorlagen wird die Einhaltung zentraler Vorgaben des Dokumentationsmanagements deutlich gefördert; zudem sind die Dokumente aufgrund ihres gleichen Aufbaus und Layouts leichter zu erstellen/aktualisieren und nachzuvollziehen.
Wiki	Collaboration Tool, welches Inhalte in leicht bedienbarem Format bereitstellt und bspw. Bearbeitung über den Browser ermöglicht
Zero Day Exploit	Sicherheitslücke, die ausgenutzt wird, bevor es einen Patch des Herstellers als Gegenmaßnahme gibt

10.2 Abkürzungsverzeichnis

AktG	Aktiengesetz
AO	Abgabenordnung
AVV	Auftragsdatenverarbeitungsvertrag
AWV	Arbeitsgemeinschaft für wirtschaftliche Verwaltung e.V.
BAIT	Bankenaufsichtsrechtliche Anforderung an die IT
BCM	Business Continuity Management
BDSG	Bundesdatenschutzgesetz
BGB	Bürgerliches Gesetzbuch
BIA	Business Impact Analysis
BilMoG	Bilanzmodernisierungsgesetz
BITV 2.0	Barrierefreie-Informationstechnik-Verordnung 2.0
BPMN	Business Process Model and Notation
BSI	Bundesamt für Sicherheit in der Informationstechnik
BSIG	Gesetz über das Bundesamt für Sicherheit in der Informationstechnik
BStBK	Bundessteuerberaterkammer

CAB	Change Advisory Board
CIA	Confidentiality, Integrity, Authenticity
CISO	Chief Information Security Officer
CMDB	Configuration Management Database
CMS	Compliance-Management-System
CRM	Customer Relationship Management
DIIR	Deutsches Institut für Interne Revision e.V.
DMS	Dokumentenmanagementsystem
DS-GVO	Datenschutz-Grundverordnung
DStV	Deutscher Steuerberaterverband e.V.
DV	Datenverarbeitung
DVD	Digital Video Disc
EDV	Elektronische Datenverarbeitung
EStG	Einkommensteuergesetz
EVB-IT	Ergänzende Vertragsbedingungen für die Beschaffung von IT-Leistungen
GeschGehG	Geschäftsgeheimnisgesetz
GewStG	Gewerbesteuergesetz
GmbHG	Gesetz betreffend die Gesellschaften mit beschränkter Haftung
GoBD	Grundsätze zur ordnungsmäßigen Führung und Aufbewahrung von Büchern, Aufzeichnungen und Unterlagen in elektronischer Form sowie zum Datenzugriff
GRC	Governance, Risk and Compliance
HGB	Handelsgesetzbuch
HPU	High Privileged User
IaaS	Infrastructure as a Service
IDV	Individuelle Datenverarbeitung
IKS	Internes Kontrollsystem
ISACA	Information Systems Audit and Control Association
ISB	Informationssicherheitsbeauftragter
ISMS	Informationssicherheitsmanagementsystem

ISO	International Organization for Standardization
IT	Informationstechnologie
IT-SIG	IT-Sicherheitsgesetz
ITIL	Information Technology Infrastructure Library
ITSM	IT-Servicemanagement
KI	Künstliche Intelligenz
KonTraG	Gesetz zur Kontrolle und Transparenz im Unternehmensbereich
KRITIS	Kritische Infrastrukturen
KStG	Körperschaftssteuergesetz
KVP	Kontinuierlicher Verbesserungsprozess
KWG	Kreditwesengesetz
MaRisk	Mindestanforderungen an das Risikomanagement
NachwG	Nachweisgesetz
NDA	Non-Disclosure Agreement
NIST	National Institut of Standards and Technology
OLA	Operational Level Agreement
PaaS	Platform as a Service
PH	Prüfungshinweis
ProdHaftG	Produkthaftungsgesetz
QM	Qualitätsmanagement
OMG	Object Management Group
QS	Qualitätssicherung
RACI	Responsible, Accountable, Consulted, Informed
RPO	Recovery Point Objective
RTO	Recovery Time Objective
Rz.	Randziffer
SaaS	Software as a Service
SIEM	Security Information and Event Management
SLA	Service Level Agreement
SoD	Segregation of Duties
SSD	Solid-State-Drive

SÜG	Sicherheitsüberprüfungsgesetz
TKG	Telekommunikationsgesetz
TMG	Telemediengesetz
UMRA	Umsetzungsrahmenwerk
USB	Universal Serial Bus
UStG	Umsatzsteuergesetz
VO	Verordnung
WLAN	Wireless Local Area Network
WORM	Write Once Read Many
ZPO	Zivilprozessordnung

10.3 Abbildungsverzeichnis

10.4 Tabellenverzeichnis

10.5 Literatur

Bafin (2017): BAIT: BaFin veröffentlicht Anforderungen an die IT von Banken; https://www.bafin.de/SharedDocs/Veroeffentlichungen/DE/Meldung/2017/meldung_171106_BAIT.html (abgerufen am 16.08.2021)

Bluhm, Patrick (2020): IT-Dokumentation. Projekte erfolgreich umsetzen, BoD (Books on Demand)

Brandt-Pook, Hans; Kollmeier, Rainer (2020): Softwareentwicklung kompakt und verständlich: Wie Softwaresysteme entstehen, 3. Auflage, Springer Vieweg

BSI (2021): https://www.bsi.bund.de/DE/Themen/Unternehmen-und-Organisationen/Informationen-und-Empfehlungen/Glossar-der-Cyber-Sicherheit (abgerufen am 18.08.2021)

BStBK/DStV (2019): Muster-Verfahrensdokumentation zum ersetzenden Scannen (Versio: 2.0; Stand: 29. November 2019); https://www.bstbk.de/downloads/bstbk/steuerrecht-und-rechnungslegung/fachinfos/BStBK_Muster-VerfD-ersetzendes-Scannen_v2.0-2019-11-29.pdf (abgerufen am 01.05.2021)

Bundeskriminalamt (2020): Sonderauswertung Cybercrime in Zeiten der Corona-Pandemie; https://www.bka.de/SharedDocs/Downloads/DE/Publikationen/JahresberichteUndLagebilder/Cybercrime/cybercrimeSonderauswertungCorona2019.pdf?__blob=publicationFile&v=3 (abgerufen am 29.12.2020)

CIO.Bund (2021): Aktuelle EVB-IT; https://www.cio.bund.de/Web/DE/IT-Beschaffung/EVB-IT-und-BVB/Aktuelle_EVB-IT/aktuelle_evb_it_node.html (abgerufen am 16.05.2021)

Cyberdyne (2016): IT-Dokumentation – Warum ist sie so wichtig für Ihr Unternehmen?; https://www.cyberdyne.de/blog/it-dokumentation/ (abgerufen am 18.04.2021)

Estermann, Markus (2018): Was sind DMS, Vorlagenmanagement & Dokumentenprozess-Automation für KMU; https://www.leuchterag.ch/blog/dms-dokumentenprozesse-und-vorlagenmanagement-fuer-kmu-ein-ueberblick/ (abgerufen am 20.05.2021)

Greifeneder, Horst (2014): Forensische Metadatenanalyse bei Office Word-Dokumenten, in: Sachverständige, Heft 2/2014, S. 93-97

Hammer, Volker (2016): DIN 66398. Die Leitlinie Löschkonzept als Norm; in: Datenschutz und Datensicherheit (2016), S. 528 ff.

Haufe (2019): Bußgelder wegen fehlerhafter Kassenführung vermeiden; https://www.haufe.de/steuern/kanzlei-co/bussgelder-wegen-fehlerhafter-kassenfuehrung-vermeiden/bussgelder-bei-fehlerhafter-kassenfuehrung_170_493890.html (abgerufen am 11.07.2021)

Hoffjan, Prof. Dr. Andreas; Winter, Dr. Christian; Bartosch, Nicole (2021): Etablierung eines funktionierenden Richtlinienmanagements in mittelständischen Unternehmen, in: Bilanzrecht und Betriebswirtschaft, S. 428-432

Jaspers, Wolfgang (2008): Wissensmanagement – ein Erfolgsfaktor für die Zukunft. In: Jaspers, Wolfgang/ Fischer, Gerrit (Hrsg.): Wissensmanagement heute – Strategische Konzepte und erfolgreiche Umsetzung, Oldenbourg Verlag

Johanning, Volker (2019): IT-Strategie. Die IT für die digitale Transformation in der Industrie fit machen, 1. Auflage, Springer Vieweg

JuraForum (2021): Organisationsverschulden und seine Folgen für Arbeitgeber und Arbeitnehmer; https://www.juraforum.de/lexikon/organisationsverschulden (abgerufen am 17.07.2021)

Katenkamp, Olaf (2011): Implizites Wissen in Organisationen. Konzepte, Methoden und Ansätze im Wissensmanagement, 1. Auflage, VS Verlag für Sozialwissenschaften

Kersten, Heinrich; Klett, Gerhard (2017): Business Continuity und IT-Notfallmanagement: Grundlagen, Methoden und Konzepte, 1. Auflage, Springer Vieweg

Klotz, Michael (2009): IT-Compliance. Ein Überblick, 1. Auflage, dpunkt Verlag , S. 2–30; https://www.dpunkt.de/pdf/Broschueren/Klotz_IT_Compliance_download.pdf (abgerufen am 01.09.2019)

Lauer, Thomas (2019): Change Management: Grundlagen und Erfolgsfaktoren, 3. Auflage, Springer Gabler

McKinsey (2012): The social economy: Unlocking value and productivity through social technologies; https://www.mckinsey.com/industries/technology-media-and-telecommunications/our-insights/the-social-economy (abgerufen am 02.05.2021)

Nestler, Diana; Modi, Julian (2019): Leitfaden IT-Compliance, Anforderungen, Chancen und Umsetzungsmöglichkeiten in Praxistipp IT, 1. Auflage, IDW Verlag

Pütter, Christiane (2013): IT-Ausfall kostet bis zu 41.000 Euro pro Stunde; https://www.cio.de/a/it-ausfall-kostet-bis-zu-41-000-euro-pro-stunde,2918599 (abgerufen am 11.07.2021)

Reiss, Manuel (2020a): Vorgabedokument in dokuit; https://www.dokuit.de/glossar/vorgabedokumente/ (abgerufen am 02.01.2021)

Reiss, Manuela (2020b): Aufzeichnungen in dokuit; https://www.dokuit.de/glossar/aufzeichnungen/ (abgerufen am 02.01.2021)

Reiss, Manuela (2020c): Glossar. Dokumentationsmanagement; https://www.dokuit.de/glossar/dokumentationsmanagement/ (abgerufen am 06.05.2021)

Reiss, Manuela; Reiss, Georg (2019): Praxisbuch IT Dokumentation, Vom Betriebshandbuch bis zum Dokumentationsmanagement – die Dokumentation im Griff, 3. Auflage, Carl Hanser Verlag

Schindler, Martin (2013): IT-Ausfälle belasten den Mittelstand; https://www.silicon.de/41584871/it-ausfalle-belasten-den-mittelstand (abgerufen am 11.07.2021)

Schmidt, Andreas H.; Dors, Axel; Kretschmann, Christine; Nestler, Diana; Meissner, Dirk; Untucht, Günther; Karamitros, Ioannis; Zilian, Jutta E.; Klotz, Prof. Dr. Michael; Kunzewitsch, Michael; Dax, Oliver; Loos, Peter; Purder, Stefan (2021): Leitfaden IT-Compliance. Grundlagen, Regelwerke, Umsetzung, ISACA Germany Chapter; https://www.isaca.de/sites/default/files/attachements/leitfaden_it-compliance_grundlagen_regelwerke_umsetzung.pdf (abgerufen am 02.03.2021)

Siepermann, Markus (2019): Bring Your Own Device; https://wirtschaftslexikon.gabler.de/definition/bring-your-own-device-54498 (abgerufen am 16.08.2021)

Tsolkas, Alexander; Schmidt, Klaus (2017): Rollen und Berechtigungskonzepte, Identity- und Access-Management im Unternehmen, 2. Auflage, Springer Fachmedien

Urbach, Nils; Ahlemann, Frederik (2016): IT-Management im Zeitalter der Digitalisierung. Auf dem Weg zur IT-Organisation der Zukunft, 1. Auflage, Springer Gabler

10.6 Ausgewählte Standards und Regelwerke

IDW Verlautbarungen

- IDW PS 330, Abschlussprüfung bei Einsatz von Informationstechnologie, Stand: 24.09.2002, Quelle: WPg 21/2002, S. 1167ff., FN-IDW 11/2002, S. 604ff.
- IDW 450 n. F., Grundsätze ordnungsmäßiger Erstellung von Prüfungsberichten, Stand: 15.09.2017, Quelle: IDW Life 1/2018, S. 145 ff.

- IDW PS 850, Projektbegleitende Prüfung bei Einsatz von Informationstechnologie, Stand: 02.09.2008, Quelle: WPg Supplement 4/2008, S. 12 ff., FN-IDW 10/2008, S. 427 ff.
- IDW PS 860, IT-Prüfung außerhalb der Abschlussprüfung, Stand: 02.03.2018, Quelle: IDW Life 6/2018, S. 607 ff.
- IDW PS 880, Die Prüfung von Softwareprodukten, Stand: 11.03.2010, Quelle: WPg Supplement 2/2010, S. 6 ff., FN-IDW 5/2010, S. 186 ff.
- IDW PS 951 n.F., Die Prüfung des internen Kontrollsystems beim Dienstleistungsunternehmen, Stand: 26.03.2021, Quelle: IDW Life 6/2021, S. 509 ff.
- IDW PS 980, Grundsätze ordnungsmäßiger Prüfung von Compliance Management Systemen, Stand: 11.03.2011, Quelle: WPg Supplement 2/2011, S. 78 ff., FN-IDW 4/2011, S. 203 ff.
- IDW RS FAIT 1, Grundsätze ordnungsmäßiger Buchführung bei Einsatz von Informationstechnologie, Stand: 24.09.2002; Quelle: WPg 2172002, S.1157ff., FN-IDW 11/2002, S. 646 ff
- IDW RS FAIT 2, Grundsätze ordnungsmäßiger Buchführung bei Einsatz von Electronic Commerce, Stand: 29.09.2003, Quelle: WPg 22/2003, S. 1258 ff., FN-IDW 11/2003, S. 559 ff.
- IDW RS FAIT 3, Grundsätze ordnungsmäßiger Buchführung beim Einsatz elektronischer Archivierungsverfahren, Stand: 11.09.2015, Quelle: WPg 22/2006, S. 1465 ff., FN-IDW 11/2006, S. 768 ff., WPg Supplement 4/2015, S. 48, FN-IDW 10/2015, S. 538
- IDW RS FAIT 4, Anforderungen an die Ordnungsmäßigkeit und Sicherheit IT-gestützter Konsolidierungsprozesse, Stand: 08.08.2012, Quelle: WPg Supplement 4/2012, S. 115 ff., FN-IDW 10/2012, S. 552 ff.
- IDW RS FAIT 5, Grundsätze ordnungsmäßiger Buchführung bei Auslagerung von rechnungslegungsrelevanten Prozessen und Funktionen einschließlich Cloud Computing, Stand: 04.11.2015, Quelle: IDW Life 1/2016, S. 35 ff.
- IDW PH 9.330.1, Checkliste zur Abschlussprüfung bei Einsatz von Informationstechnologie, Stand: 01.07.2002, Quelle: IDW Prüfungsstandards, IDW Stellungnahmen zur Rechnungslegung (Loseblattsammlung und CD-ROM)
- IDW PH 9.860.1, Prüfung der Grundsätze, Verfahren und Maßnahmen nach der EU-Datenschutz-Grundverordnung und dem Bundesdatenschutzgesetz, Stand: 19.06.2018, Quelle: IDW Life 8/2018, S. 777 ff.

- IDW PH 9.860.2, Die Prüfung der von Betreibern Kritischer Infrastrukturen gemäß § 8a Abs. 1 BSIG umzusetzenden Maßnahmen, Stand:21.06.2019, Quelle: IDW Life 5/2020, S. 391 ff.
- IDW PH 9.860.3, Die Prüfung von Cloud-Diensten, Stand: 15.05.2020, Quelle: IDW Life 6/2020, S. 539 ff

BMF Schreiben

- GoB, Grundsätze ordnungsmäßiger Buchführung (GoB), ein unbestimmter Rechtsbegriff, der insbesondere durch Rechtsnormen und Rechtsprechung geprägt ist und von der Rechtsprechung und Verwaltung jeweils im Einzelnen auszulegen und anzuwenden ist (BFH-Urteil vom 12. Mai 1966, BStBl III S. 372; BVerfG-Beschluss vom 10. Oktober 1961, 2 BvL 1/59, BVerfGE 13 S. 153)
- GoBD, Grundsätze ordnungsmäßigen Führung und Aufbewahrung von Büchern, Aufzeichnungen und Unterlagen in elektronischer Form sowie zum Datenzugriff (GoBD) vom 28.11.2019

Datenschutzanforderungen

- BDSG, Bundesdatenschutzgesetz, Inkrafttreten der letzten Änderung am 26. November 2019 (Art. 155 G vom 20. November 2019)
- DS-GVO, Verordnung (EU) 2016/679 (DS-GVO), in Kraft getreten am 25.5.2016, anwendbar seit dem 25.5.2018

Internationale Standards

- ISO 9001, Qualitätsmanagement
- ISO/TR 10013, Leitfaden für das Erstellen von Qualitätsmanagement-Handbüchern
- DIN ISO 19600, Compliance Management Systeme
- ISO/IEC 20000, Informationstechnik - Servicemanagement
- ISO 22301, Business Continuity Management (BCM)
- ISO/IEC 27001, Information Security Management (inkl. ISO/IEC 27001 Anhang A)
- ISO/IEC 38500, Informationstechnik - Unternehmensführung in der Informationstechnik
- ISO 55001, Asset Management System

DIN-Normen

- DIN 66398, Leitlinie Löschkonzept